生まれ変わりの秘密

稲森重雄

「生まれ変わりの秘密」目次

はじめに

現在の世の中を眺めますと正に末法の世と化しております。

資本主義の現代社会は、資本に物を言わせた利益追求だけの世となっています。大企業は共存や社会の一員たることを忘れ、正規雇用を減らし労働者のリストラや人材派遣を利用した利益優先主義に転落しています。若者は就職もままならず目標を失い、失業者は人としての自信を失い、格差社会に押しつぶされ、自殺も多く、絶望の淵に沈んでおります。

さらに、自己保身と無責任な政府の失政は誰も責任を負うことも無く、全てを国民に押し付けて、政争に明け暮れその怒りは頂点にあります。

人々は人間の本性と本質を忘れ去り、ひたすら物質と地位、名誉が人生の目的であるかの如く、唯物主義に染まり切った誤れる生き方がこのような事態を招いているのは明らかであります。正に二千五百有余年前の経典「法滅尽経」の予言通りの状態を呈しています。

これらの現象の元である唯物主義をどんどん突き詰めていくと「人間生きているうちが花よ、死んだら全てがおしまい」となる。

個人主義の欲望にまみれ、我欲のままの人生に対して、はたしてその報いは来ないのでしょうか。子供の頃に教えられた「お天道様が見ている」との教えや「神仏の裁き」はどうなっているのでしょうか。

私は生まれ育った環境や成長過程のある時期から、不思議体験を通して次のような結論に達しました。

人間の人生は、良くも悪くも自分が蒔いた種が、やがて人生の中で芽を吹き実る。その結果を刈り取るのは原因を作った自分自身であるということを！

その根幹を成すものは宇宙の法則である「因果の法則（原因と結果の法則）」であることを知る事態となったのです。さらに「魂の永遠性とカルマ（因果応報）による輪廻転生（生まれ変わり）」を実感として認識出来た時、人生観が一変し現状のような我欲だけの生活の永続はないに違いないと実感しました。

「カルマと輪廻転生」の法則に目覚めた一部の人々は、その厳然とした法則に身動き出来ない程の恐怖に、後悔と懺悔の日々を送らざるを得ないでしょう。更に学歴、地位、名誉、財産に物を言わせ、我欲のままに他人をも傷つけたその末路（因果応報）を知る時、厳正なる宇宙の法則に喝采すらしたくなる心境となるでしょう。

一般に『カルマと輪廻転生論』は、迷信や野暮な宗教のように思われている節があります。また、儒教や仏教の勧善懲悪や運命論に近い、所謂「教育の為の方便」との思い込みが多いように思われます。

しかし、宇宙を支配しているところの「因果律（原因と結果）の法則」となんら変わりはありません。つまり全ての物事には原因がありその原因が発展して結果が生じるのです。

私は人間にとって最大の課題である「あなたは（人間は）何者なのか、何処から来て何処へ行くのか、あなたの人生の目的と使命は何か」について自説の「カルマと輪廻転生論」を通して検証してみたいと思います。

この世だけが全ての人生ではなく、あの世も次の世も連綿と続き「ある時は男であり、女であり、白人であり、黒人であり、王でもあり、奴隷でもあった」と気付くならば人生観は一変し、ぎすぎすとした競争や独善の人生は送らなくなるに違いありません。

また「差別や蔑視、優越感」も無くなるでしょう。何故なら今あなたが差別や蔑視した人々の実態は、前世や前前世に於いて実体験し、悲しみや苦しみを経験したあなた自身と同様の状態であることを実感せざるを得ないからです。

いやカルマの法則の結果により、来世のあなたの実態となる可能性もあるのです。優越感や蔑視する心は、表現は悪いですが「目くそが鼻くそを笑う」との喩えの様に愚かな事です。

また、あなたが悪しき原因を作ったならば、いずれそれ相応の結果が発生するでしょう。

あなた自身が悪しき原因を解消するまでは、たとえ自分が忘れていても決して消え去ることは無いでありましょう。あなたが蒔いた種は秘かに発芽の時期を待っているのです。これが宇宙の法則であります。

「カルマと輪廻転生の法則（生まれ変わりの秘密）」が理解出来たならば「地位や財産、争いや憎しみ、独善を離れ魂の向上の為に協力しあう心豊かな人生」が送れるでしょう。

「生き馬の目を抜く」との諺が現実となっているような現在の末法の世の中で、悲しみ、怒り、絶望に打ちひしがれ、人生に疑問を感じた時「人生の目的と使命の示唆と、あなたの常識の壁を破る」本としてここに私見を述べようと思います。

「あなたはなぜ今ここにいるのか？　目的はなんであるのか、この人生の先に何が待っているのか」

この本を読み終わる頃には、今までの小さな自分が吹き飛んでしまい、人生の新たなる扉が開け、確信に満ちた気持ちで再出発出来ることでしょう。疑問があればちっぽけな常識で結論を出さず、とことん自分自身で追及して解明することです。

現在の宗教界は本来の心のあり方を忘れ、宗派の拡大と私利私欲にまみれ矛盾に満ちております。このような現世利益追求型の宗教界では、回答は得られないでしょう。幅広い分野から、真理の探求を始める事をお勧めいたします。

稲森　重雄

常識という罠

常識とは一般の社会人が共通に持つ普通の知識や判断力、倫理感を常識と呼んでいます。霊魂や生まれ変わりの話となると、一般社会人の大半は眉をしかめるか、否定してしまうでしょう。一般常識の基準は各人の教育、思想、習慣で若干の相違はあるにしても、この常識が邪魔をするからでありましょう。

学校で学習や体験しなかった事は、一般的に懐疑的か否定的であります。しかし学校で学んだ「地球は丸いとか空気の存在」等の事柄は実際目で確認する事は出来ませんが、教育の場において所謂科学的な説明を受けると自身の目では見えなくても納得をしています。

地球が丸く、しかも廻っている事は、宇宙飛行士以外は直接確認していないのにもかかわらず、常識として当然のように信じて疑いを持っていません。

昨今はテレビという媒体でどのような事柄でも繰り返し放映されますと、善悪に関わらず無意識の内に心に刷り込まれてしまいます。

ヒトラーは「嘘も百万回唱え続ければ真実となる」このような趣旨の事を述べたといいま

すが、恐ろしい事ながら言い得て妙であります。この混迷の世の中では、何が真実かを見分ける眼力が必要でありましょう。

常識はずれの生き物

さて、一般的に魚類という動物は冷たい水に生息しているのが常識です。しかし、深海の真っ暗闇の中で、高圧にも耐えて生きている魚類もいます。

今のところ、超高熱環境で生きている最高保持者は「メタノパイラス・カンドレリ」という古細菌です。インド洋の水深二千四百五十メートルの海底で日本の研究者達が発見しました。この細菌は、最高で沸点を超えた百二十二度から百十度程度の熱水の中で生きていけます。さらにチューブワームという生き物は、口も消化器官もないのに熱水噴気孔の周辺で、硫化水素を先端のエラから吸収し化学合成（代謝）をして栄養を得て生存しています。

「クマムシ」は塩の結晶の中のわずかな海水に二億五千万年前に閉じ込められ、海水ごと培養すると増殖を始めた生き物です。二〇〇七年にスウェーデンとドイツの研究チームがクマムシを宇宙に打ち上げて宇宙空間にさらす実験で、一部のクマムシが、真空状態と紫外線、放射線にさらされても生き残った最初の生物であるそうです。

さらに「ネムリユスリカ」というハエ目の生き物の幼虫は、水溜りに生息していますが、水が干上がっても乾燥休眠という状態になり、この状態だと沸点である百度、そしてマイナス二百七十度という絶対零度に近い温度まで耐えることが出来ます。放射線にも強く、人間の致死量の千五百倍、又真空でも生存し、水を掛けると一時間程で元の状態に戻ります。
このような信じられない常識外の生き物も存在しています。まさに常識の罠にはまった現代人には想像だに出来ない事象も有り、確固たる基準であるはずの我々の常識も心もとない限りであります。

常識はずれの遺物

次は現実に確認できる物質や古文書、代々語り継がれた伝説等の、常識では考えが及ばない事柄を紹介しましょう。如何に人間の見識が狭いかを痛感するでありましょう。

オーパーツ（場違いな人工物）
霊魂や生まれ変わりは一般的に眼には見えない代物です。私論では「霊魂は物ではなく精妙なエネルギー体」であるからして見えないのが当然ではありますが……。
「見えない物を信じろ」と言うのは証拠の提示が困難であります。しかし、眼に見えて確認できる物でも常識的には信じないというのが考古学者です。次に示すオーパーツと言われる品々があります。
二〇〇五年五月ベルリンで「未解明の謎展」が開かれました。この展示物は全て考古学者や歴史学者が首をかしげ、うやむやな処理をせざるを得なかったか無視された物の展示で、今回が三回目であると報道されました。

この出品物より各種オーパーツを以下に紹介してみましょう。

●柄の付いたハンマー　（テキサス州出土）
年代測定で四億五千万年前と推定。地層から岩に埋まったまま出土。柄の部分は化石化し現代でも難しい純度の高い鉄製。

●ネアンデルタール人の頭蓋骨
銃弾の痕跡とみられる穴がある異物。

●石器時代の野牛頭骨　（カザフスタン）
八千年前の頭骨真正面に弾丸の穴。

●人類の足跡　（ケンタッキー州）
人類誕生は数百万年前とされるが、二億五千万年前の地層で足跡を発見。

●サンダルの縫い目が付いた足跡　（ネバタ州）

一億六千五百万年〜一億九千五百万年前の石炭　層から発見された。
●岩に残された足跡　（南アフリカ）
数百万年前の花崗岩から縦百三十センチ、横六十九センチ、深さ十八センチの足跡。
●巨人の人骨
身長三・四メートル　（インディアナ州）。
身長三・七メートルの人骨　（モンタナ州）。
身長二・四メートルの人骨　（ボリビア）。
身長七・五メートルの人骨　（エクアドル）。
旧約聖書には「神と人間の間に生まれた子供達は、大地の巨人　（ネフィリム）であった」との記述がある。
●黄金のジェット機　（コロンビアで発見）
千五百年前の異物とされる黄金製の三角翼で、現代のジェット機に瓜二つである　（機首、コックピット、三角主翼、胴体、水平尾翼が表現されている）。この異物は足が無いのに鳥、蛾、こうもりとされている。説明がつかないものは全て祭祀用とされることが多い。
●遮光土偶　（東北の縄文時代）
紀元前千五百年頃の土偶で宇宙服を着たとも見られる遺物。ソ連のA・カザンチェフが地球に訪れた異星人の宇宙服がモデルと発表。
●花瓶型電池　（二千年前のイラク）
十五センチ程の陶器製の壺。中には銅筒が有り電池そっくりの構造。パルティア遺跡から発掘され、一九七〇年Ａ・エッゲブヒト博士はこのレプリカを作り、電気分解による金メッキ実験に成功した。
●合金で作られた牡鹿　（ヒッタイト）
紀元前三世紀、頭部がエレクトロン合金で覆われた牡鹿。
●海中で錆びない釘
ローマ時代のカルタゴ船の釘は、千数百年海中に沈んでいたにもかかわらず錆びていなかった。
●聖徳太子の地球儀　（兵庫県揖保郡斑鳩寺）
球面には日本列島、ユーラシア大陸、南北アメリカ大陸、アフリカ大陸、南極大陸があり聖徳太子作と伝わる。
●ピリ・レイスの地図　（一五一三年模写）
氷に覆われている南極の陸地部分の詳細な地図で南極大陸発見前に書かれた事となる。
●アショカ王の鉄柱　（デリー、ミナール寺院）千数百年以上風雨にさらされているが全くさびが見られない。

●マヤの暦

太陰暦――一カ月を二九・五三〇二〇日としているが、現代との誤差は僅か三十四秒。金星の軌道に合わせられた暦――千年間で誤差が一日未満。

原生林に囲まれたマヤ文明に、何故にこれほど正確な暦が必要であったのだろうか。

進化論で成り立つ現在の常識では、説明不可能なことから無視されてきた品々と伝説です。

偽書、異端、伝説

●アイヌと宇宙人との交流説

オキクルミカムイという神がカムイカラシンタ（空飛ぶ籠）に乗って舞い降り、人々に生活文化を教えたが、後になって人間の堕落に怒って天上界に帰った。これを裏づけるかの如く、北海道余市町のフゴッペ洞窟の壁画には、UFOとも見られる飛行物体や翼のある人間が描かれている。

●竹内文書

北茨城市磯原の竹内家に伝えられる古文書。

約二千年前、先祖の平郡真鳥《へぐりのまとり》が神代文字から翻訳した文書。

創世記――地球創世を行っていた神々が天から地に降り立った。
皇統譜――古事記と全く異なる系譜。
太古の世界地図――ムー、アトランティスと思われる大陸を含めた世界地図。
金属ヒヒイロカネ――何万年たってもさびない。
世界統治の天皇――宇宙文明を駆使して地球国家を樹立した。
五色人間――神とは異なる人間、赤人、黒人、黄人、青人、白人がいた。
万国巡幸――天皇は地球全土を治める為に年一回は浮き船で巡幸し、悪政を行う者は容赦無く任命者を変えた。
天空《あめそらの》浮船《うきぶね》――航空機に乗って世界を巡幸した。
世界に残る天空浮船は船型（エジプト）、円盤型（創世記）、ロケット型（インド、ヴィマーナ）、ジェット機の四種類が見受けられる。

宇宙との交流伝説

●ビラコチャ伝説（インカ）

背が高くひげをたくわえ、肌の白い聖人で、白くて長い衣をまとっていた。天から（南、海からの説もある）やって来て、土木技術、農業技術、脳外科手術を教え文明開化した。自分に刃向う者は炎の壁で身を隠し、武器を無力化し相手を屈服させた。その後再訪を約束して天上（又は北の海）へ去った。

●カヤポ族（南米アマゾン）の伝説

近くの山頂が火と煙と共に大振動し、異人がやって来て戦士達を皆殺しにした。彼にはどんな毒矢も槍も通用しなかった。やがて異人は村に住み込んで、武器の使い方を教え学校を開いて強化した。彼はベブ・コロロティ（宇宙から来たの意味）と名乗り、ある日彼は再び白く輝く不思議な衣服を着け、轟音と共に山頂から姿を消した。

●マリ・ドゴン族の伝説（マリ共和国）

古代のある時期、シリウスCをめぐる小さな惑星（彼等はニャン・トロと呼ぶ）から、魚によく似た姿の知性体（両生人ノンモ）が訪れ、いまだ未開だった人類にさまざまな知識を授けて帰っていったとの伝説がある。

シリウスAをポ・トロ（シリウスB）が楕円形で五十年かけて廻っている。シリウスAを更に大きな楕円でエンメ・ヤ（シリウスC）が廻っている。そのシリウスC（エンメ・ヤ）をニャン・トロ（肉眼では見えない）が一番小さい円で廻っている。

このニャン・トロがノンモ人の住む惑星であるという。ドゴン族の伝説は、現代天文学が教えるシリウスA、Bとの関係がぴたりと一致している。

一八六二年クラークがシリウスBを発見したが、高倍率の天体望遠鏡とスペクトル分析器、難解な数式が必要だった。残念ながらシリウスCは今だ発見されていない。ドゴン族はこのような知識をどのようにして知り得たのか。

更に彼等は、惑星が太陽の周りを廻り、地球は自転している。ガリレオ衛星と呼ばれる肉眼では見えない木星の四つの大衛星や輪の事実を知識として持っていた。未開のドゴン族は如何にして知り、図示できる程の知識として伝承出来たのだろうか。

これまで紹介した物や伝説は、所謂進化論の「生物（歴史も含め）が不変のものではなく、長期間かけて次第に変化（退化と進化）してきた」という学説に合致しない、極めて場違いな品物や伝説として無視出来ない事柄ばかりです。それ故に研究者達は固定概念を元に「祭司用である、誤っての混入、偽装」等の言葉でうやむやにしてきました。これ等も「常識の罠」に陥っている事例ではないでしょうか。

人類の進化の謎

進化論の提唱者であるチャールズ・ダーウィンですら「人間だけはどうしても私の進化論では説明できない」と語り、ダーウィンより二週間遅れて進化論を発表したアルフレッド・ウォーレスは「人間の場合に限って何故か自然選択の原理が働いていない」と同様のことを述べ、更に「人間の脳の完成には何か別のもの、未知の霊的な要素が働いているはず」とも述べています。何故ならば人間の進化の連鎖の途中に「消えた鎖の輪《ミッシングリンク》（進化途中の頭蓋骨等の未発見）」があり、他の動物に比較して人間の肉体的精神的能力が高く、脳が爆発的なスピードで増大し、霊長類で最大の脳になった事の科学的証明が出来ないからであります。一般的な常識でも、専門家ですら全く不可解としか言いようが無い事例が多く存在しています。

これまで、エリッヒ・フォン・デニケンに始まり、ジャック・スタンレー、アーウィン・キンズバーグ、グラハム・ハンコック、ゼカーリア・シッチン等、幾多の人物が人間の固定的な概念に挑戦し、遺跡や史実を基にした「科学的で論理的な仮説」を発表しています。

これらの主張はまさに常識を覆す論文であり、固定概念に安住する考古学者、歴史学者、一般大衆に対する挑戦でもあります。

一度囚われの心を解放し、常識という壁をぶち破って考えれば、彼等が主張するように「地球での人類の痕跡は遥かに古く、高度に進化した文明の異星人による移民又は干渉により、人類の文明は高度に発達した。しかし現在は幾度もの天変地異によりこれらの痕跡は消えてしまった」という結論に私は共感を覚えます。

この結論は万人が認める所の真実であるとの証明は出来てはいません。しかし、この仮説を是として受け入れるならば、これまで不可解として拒絶や無視し続けた事柄（オーパーツや伝説、古文書、創世記等）が、全て道理に合致し納得出来る説明が可能になるのです。

ボストン大学天文学部長であるマイケル・D・パパジャニン氏は「火星と木星の両軌道間を廻っている小惑星体まで行けば、太陽系外からやって来た宇宙人に会えるだろう。百億歳の銀河系の中では、地球文明は生まれたばかりの赤ん坊に等しい。地球人より先に生まれた高等生物は、遥かに進んだ文明に達しているはずで、過去数十億年間にそんな文明社会が数百万も現われたに違いない」と、京都で開催された第五回生命の起源国際会議で発表しています。

コーネル大学のフランク・ドレイクが考案した「銀河系の中に生命の存在に適した惑星がいくつあるか」という数式を考案し、ドレイク式と呼ばれている。この数式で導かれる回答では三千億個程であるといいます。

カール・セーガンによれば「銀河系に高度の技術社会を持つ惑星が、悲観的に見て五〜六個。普通に考えて十万個、楽観的に考えると一億個ある」と述べています。

アポロ十四号で月面に降り立ったエドガー・ミッチェルが二〇〇八年七月「アメリカ政府は過去六十年に亘って異星人の存在を隠蔽してきた」と爆弾発言をしました。

科学的に追求すればする程、疑問にぶち当たるはずです。このような一般的常識に囚われた固定的な知識と、狭い範囲の科学的と称する常識を捨て去る事が大切であると私は思っています。否定する前に疑問を持ち、深い洞察と研究を行ったならば、常識という壁は打ち破られるでありましょう。

これから述べようとする「カルマと輪廻転生」は、これまで示して来ました「常識という罠」や「思い込み」を打ち破って読み進んでください。

常識の罠にはまった人々

●ピタゴラス派の学者たちが地動説を発表した時、プラトンやアルキメデスのような大学者までが「地球が回転すれば、人間は逆立ちになってしまう。それより真っ先にピタゴラス派の連中が気狂いになるだろう」と嘲笑した。
●一七五〇年、フランクリンが初めて雷は電気であるという論文を発表した時、ロンドン学士院会は「悪罵を浴びせて、雷の電気説を誰も信じなかった」。
●一七七二年、ラボアジュが空気は酸素と窒素が主成分である事を発表した時、有名な液体比重計の発明者ボーメまでが「二千年前から火、土、水、空気の四元説が正しいことを主張して」ラボアジュの説に反対した。
●一七九六年、ジェンナーが種痘接種法を発見した時、学者友人に嘲られ民衆の激高にあい、国外逃亡も考えた。人々は種痘した子供は「顔や声まで牛に似てくるとまじめに恐れた」からである。

このように一般大衆は、正しいか正しくないかは別としても「その時代の常識を唯一の真理と信じ込み」、これと違う事柄は常識の壁で遮断して一歩も中に入れようとしない、無知なるが故の恐れが根底にあることは現代でも同様でありましょう。

ここまで色々と紹介してきた事柄は、今にしてみれば「人間の根底にある常識の危うさ」であることに気付かされるでしょう。

さて、改めて「霊魂、因縁、カルマ、輪廻転生（生まれ変わり）」これらの言葉を聞いて、あなたは常識という罠にはまっていませんか。

私はこれらの常識を打ち破るべく検証に挑戦したいと思います。

霊魂について

まず「生まれ変わり」の前に、霊魂とか死後の世界について触れなければなりません。世界中の大半の民族に、人間は肉体と霊魂から成り立っているという伝説や信仰があります。「霊魂や死後の世界は存在するにちがいない」と不思議体験者は言い、臨死体験者は「間違いなく存在する」と言う。そして「存在するから見える」と霊視能力者は断言するでしょう。

一般的なスピリチュアリズムは『物質界における人間は三つの要素から成り立っている。

①肉体、②その肉体を操るスピリット（霊）③エーテル体（ソウル・精神）、である。
肉体が死ぬ時、エーテル体（ソウル・精神）とスピリット（霊）は肉体から分離して、以後はその結合体いわゆる「霊魂」として存在する。肉体の死後、霊魂は地上より一段と高い生活環境、いわゆる「霊界で生き続ける」この肉体を抜け出たものを「霊体」とか「幽体」とも呼んでいる』と述べています。

一方「エジプトの死者の書」には「人間は死後、カ（精霊）の状態となり完全に霊界に入った時バー（霊魂）と呼ばれる」と記されています。

アラン・カーデックは、
『霊とは宇宙の知的原理である。……霊の本性とは人間の言葉でそれを説明するのは難しい。というのは霊は人間に感知できるもの、つまり「もの」ではないからである。「霊とは、宇宙最高の、あるいは最奥の「心」（宇宙意識）の一分子であり、所謂「自我」のことだ。エーテル体（精神）はスピリット（魂）と肉体の中間的存在であって、スプリット（魂）が物質界と接触する為の連絡路のような役割を果たしている。

つまり、スプリット（魂）はエーテル体（精神）を通すことによって、始めて肉体という物質の内部に存在出来るのである』と述べています。

では一般的な日本の国語辞典はどの様に解説しているのでしょうか。
・魂「生物の肉体に宿り精神作用を受け持ち、生命を保つと考えられているもの」三省堂
・魂「人間生活の原動力。生きている間は肉体に宿り、死ねば肉体から離れて不滅の生を続ける。古くから死者の魂は人に災いする事もあり、また生きている間でも、寝ている間も、思い悩み、思い憧れる時は身から遊離して、思う人の所へ行くと考えられてきた。生き霊というのはこれである」大言海
・「亡き人の来る夜とて魂祭《たままつ》るわざは、この頃、都には無きを」徒然草十九段
・魂「魂は肉体に宿り心の働きを司るもので、古来、肉体から独立したものと考えられてきた」岩波国語辞典
・霊魂「肉体とは別で、しかし肉体に宿って諸活動を支配し死後も滅びないと考えられる精神的実態」岩波国語辞典
・霊「肉体の外に存在すると考えられる精神」三省堂
このように、目には見えず科学的証明は難しくても、いずれも明確な定義をもっています。しかし、明快であるに関わらず、いかがわしい自称霊能者の出現のせいであるのか、霊魂の話となると、眉唾物、いかがわしい物との常識がまかり通るようになってしまいました。

脳と知的生命体

次に各分野の研究者の声を紹介しましょう。

●岡部金治郎（電子工学博士）

「人間の細胞は瞬間ごとに入れ替わり、一年間のうちには人体を構成する九十八パーセントが更新されてしまう。原子レベルからみれば、数日前の自分と現在の自分とはまったく別の存在になってしまう。つまり、人間の肉体は、周囲の物質から取り入れた他所者でしかない。とすれば、人間を人間たらしめている主体は「霊魂」である。この霊魂は、地球が誕生した時から存在し、その構成要素は「魂の素」から進化してきたものである」電子工学の世界的先駆者で、文化勲章受賞者である。（博士の『死後の世界』より）

●リペット博士の実験

大脳の随意運動野に電極を取り付け、人差し指を曲げる運動に対する運動準備電位を計測した。脳内の運動準備電位が上がってから指が動き始める。この実験で「意識が指を動かそうと意図する指令」と「無意識に指の筋肉を動かそうとする準備指令」のタイミングを比べたのだ。その結果、無意識下の運動準備電位が生じた時刻は、意識が意図した時刻よりも0・35秒早く、実際に指が動いたのは意図した時刻より0・2秒後と計測された。（一九八三年の論文）

この結果、筆者の判断は脳が全ての司令塔であるならば、意識的であろうが無意識であろうが同時であるはずである。しかし、無意識（反射神経）での指の動きより、動かそうと意図する意識の動きの方が遅いとの結果は、意図する（指令を出す）のは心の動きであり、その心は脳そのものではないから遅くて当然である思われる。

意図的な指令は脳からの指令（反射神経での動き）ではなく、思うという心の指令である。それ故に時間差が生じる。私流に言わせれば、この実験は脳イコール心ではないことの科学的な証明実験と成っていると思える。

●ワイルダー・ペンフィールド（脳病理学者）

長年人間の脳を臨床的に研究する中で、次第に身体一元論から離れていった。

「結局脳は単なるコンピュータにすぎない。心の働きは、いかなる神経機構によっても説明できない」

●フリーマン・ダイソン博士

人間が進化していくと「形を持たず宇宙空間を漂いながら生きる事が可能な知的生命体に、電荷を帯びた塵の帯の粒が電磁気の集合体となり、信号を伝える神経や筋肉にあたり、考える事も可能な存在となりえる」

この説などは、いかにも四次元以降の世界に存在するであろう霊界に住する、魂のありようを彷彿とさせる表現であります。

ヒトゲノム

二〇〇二年になると、約三十億塩基あるヒトゲノムの解析がほぼ終わったと報道されました。人の遺伝子は予想外に少なく二万六千〜四万個しかない事が判明。人種が異なる個人の間でも遺伝子情報の九十九・九％が一致している事も解明されました。

解析したセレーラ社によると、人の遺伝子数は二万六千〜三万九千個。これは遺伝子の可能性がある部分も含んでおり、実際の数は三万個以下とみています。ヒトゲノム計画の分析では三万〜四万個でした。この内、機能が判明又は推定出来たのは三分の一に留まっているようです。

当時の新聞は『驚きなのはヒト遺伝子の二万六千〜四万個にたいして、ショウジョウバエ（約一万三千個）、線虫（一万九千個）の僅か二倍である。遺伝子は生命活動を担うタンパク質を作る為の設計図。その数がそれ程多くないとすると、複雑で高度な精神活動などの「ヒトらしさ」はいったいどこから来るのかという謎が深まる』と報じています。

最新のヒトゲノムの科学的解明により、前記のペンフィールドと同様に『脳は単なるコンピュータであり、人間をヒトたらしめているのは心（霊魂）であると筆者は断言せざるを得ません。

ゲノム解読は、ヒトらしさはどこから来るのかとの謎に対する、まさに科学的解明の回答のように感じます。つまり「ヒトらしさ」は、遺伝子や肉体細胞のみでは証明できないということではないだろうか。

これまで唯物論者が「人間の行動や思想は脳が司どっており、霊魂なんて存在しない」と断言していた諸氏よ、その根拠を「霊魂は可視出来ないから存在しない」ではなく、科学的証拠を示していただきたい。

体験上「肉体と魂は別物である」と感じた体験談は数多くあります。一般人では作り話か錯覚、夢の類と言われますので、誰もが信用するに足りるであろう人々の体験を次に紹介しましょう。

著名人の不可思議体験

●ヘミングウェイ

十九才の時イタリア戦線に従軍中、破裂弾が爆発して足を負傷した時である。

「ちょうどポケットの中から絹のハンカチを、その端をつまんで引っぱり出すような感じで、肉体からもう一つの体、魂のようなものが脱けていった。またポケットに戻ってきたので、私は死ぬような事にはならなかった」

●トルストイ

彼がペテルブルグに住んでいた時、当時有名であった霊能者D・Dホームに町中で遭遇した。しかし実際のホームはペテルブルグへ向かう汽車の中であった。駅に着いたホームにトルストイがたずねると「あなたが町中で見たという私の姿はアストラル・トリップした幽姿だったのだろう」と答えた。

●ゲーテ

彼が風雨に遭って急いで家に帰る途中、友人のフレデリックがゲーテのガウンを羽織り、ナイトキャップを着けスリッパを履いたまま往来に立っているのを見た。驚いたゲーテは、フレデリックに声をかけた。

「いったいどうしたのだ。そんな格好で」と。

するとその幽姿はパッと姿を消してしまった。ゲーテは、友人が死に際して別れの挨拶をしに来たのかと思い、心配しながら家に帰ると、先程ゲーテが往来で見たのと全く同じ格好をして、居間に座っていたのである。

フレデリックが言うには、「ここに着いた時ずぶ濡れだったので、とりあえずゲーテの服を借りて帰りを待っていたところ、つい、うとうとと寝込んでしまった。そしてゲーテに会いに行く夢を見たということだった」（月刊誌「ムー」より）

この中で興味深いのは、ゲーテが「友人が死に際して別れの挨拶をしに来た」と思った所にあります。死に際してお迎えが来るとか、お別れに来た等の話は日本の仏教徒は聞いていても、仏教徒では無いであろうゲーテの話は意義深い体験談であります。宗教や人種に関係なく、霊魂が存在するならば、前記の現象は起こりえても当然でありましょう。

私の不可思議体験

●その一「何者かの存在」

ある雨の日の演奏会、会場入口の傘置は満杯の状態でした。当然似たような傘も沢山在りました。いやいや、これは大変だ、帰りはきっと自分の傘が判らなくなるなあ、と独り言をつぶやいた時でした。

「なくなるよ」と言う声が聞こえたのです。いや音声として聞こえたのではないのです。心に響いて来たのです。

それもそうだよね、こんなに沢山あれば間違える人だってあるさ、そう考えて自分の傘の置場所をわかり易い所に置直したのでした。がしかし帰りの際、わかりやすい場所に置直したのにもかかわらず、傘はなくなっていました。

●その二「何者かの予告」

同様の事が二十年程前の京都御所を尋ねた時にも起きたのです。当時の御所見学の時は靴を脱ぐ事になっていましたので、それ程混雑はしていなかったのですが、靴を脱いで置く時いつもの調子で「わかり易い所に置いとかなきゃね」と思いながら靴を置いた時の事です。「なくなるよ」と、同様の声が響いたのです。当然私も置き場所をまた変えたのです。しかし、其の声は警告なのか、予告なのか、やはり帰りには靴はなくなっていました。

他人の靴を履くのはいやなものです。私は場内に取り違えの案内をしてもらい、スリッパを履いたまま庭園の見学をしました。それでも結果的には靴はもどらず、係の勧めもあり残った靴を履いて帰る羽目になったのでした。

●その三「現れた作曲家」

これもある演奏会場での出来事です。スペインの作曲家による作品の演奏中の事です。なかなか素晴しい作品でしたが、私も知らない近代の作曲家でした。演奏中なんとなく眠たくなるような気分になったのです。その時私の知らない外人の顔が見えてきたのです。気難しい顔をしていましたが、なにかを言うでもなく、しばらくは見えていましたが自然に消えていきました。

其の時は疲れが出て眠ってしまったのかなあと思っていました。演奏終了後、ロビーのパンフレット売り場に目が行った時、驚いてしまいました。なんと演奏中に見えた顔の人物が、

演奏されたスペインの作曲家その人だったのです。この様な事態をどう解釈したら良いのでしょうか。前例の一、二は、

・何か私には目に見えない者の存在が在る。
・それは人間に意思を伝えることが出来る。
・しかも未来の事を予測出来る存在である。
・私を常に観察し、考えまでも察知出来る。

その三の体験は、意思疎通の手段としては言語でないテレパシー的な手段がある事。

・物体も写真のように、相手に伝える事が可能である等を示唆しています。

これらの現象は、私の常識を超えた通信手段と方法が存在する事実を、私に知らしめる目的があったように感じる出来事です。また、この役目を担った何者かの存在が有る事も。

筆者の持論である「魂の永遠性とあの世の存在」が真実で有れば、これらの事柄は国籍、人種、宗教の違いにかかわらず現象として起こり得る話であります。

人種や思想信条、国籍に関わらず著名人の不可思議体験同様の経験をする人々が居ることこそ、霊魂の存在の証でありましょう。

次の章でもっと具体的に霊魂が死後も存在し、この世に通信も可能であることの事例を少し長いものもありますが、紹介しましょう。

霊界からの通信

一九七〇年イギリスで「ローズマリー・ブラウンの音楽」というレコードが発売され、話題を呼びました。話題はレコードが素晴しいのは勿論、リスト、ショパン、ドビュッシー、ブラームス、バッハ、ベートーヴェン等クラシックの巨匠達から霊界通信を受けて作曲をしているると主張したのが特徴でした。

彼女は幼児期にピアノの初歩的なレッスンは受けたことがあるが、専門的な音楽教育を受けたこともなく、自分自身が作曲した作品をうまく演奏することも出来なかった。

作曲を始めたのが一九六四年で、この数年前にリストが夢に現われて「私や他の作曲家達が、お前に美しい音楽を作曲させよう」と告げたのが始まりであったという。

音楽批評家の中には、彼女の作品を過小評価する者もあったが、作曲家リチャード・ロドニー・ベネットは「作曲の経験が無い者が、これだけ素晴しいニセモノを作ることは出来ない。僕はベートーヴェンのニセモノを作ることは出来ない」と評価した。

また、著名なピアニストであるメニューインは「深い敬虔な思いを抱かずにはおれない」

といわしめている。（月刊誌「ムー」より）

残念ながらピアノ調律師である私は、この音楽を聞く機会には廻り合っていません。

亡き父との交信

ある時知人からの紹介で、世間で言うところの霊能力者（仮称田中さん）が、私の元へ訪ねてみえた事から親交が始まりました。

それから彼女との交流の中で、霊界（死者）との交信も可能である事が分かりました。通信が可能なことが判明してから、こちらから霊界への通信をした後、本当に対象者に通信が届いたのか、その結果霊体はどのような反応を示したのか確認するのが、私たちのテーマとなっていました。いくつもの実験の中で、私の亡き父との交信を試みたのもそのうちの一つでした。

私は不思議体験から、これ等の現象を解明すべく内外の書籍を読み漁り、霊や霊界の事が解りかけていた時、私の父はすでに他界していました。もし死後の世界が存在するとしたならば、霊界でどのような所にいるのか、前述の田中さんに霊視して頂くことにしたのでした。

その一

「私の父は五九才で死亡し、名前は〇〇です」といった事のみ告げ、具体的説明なしに田中さんに霊視をお願いしました。しばらく目を閉じて何かに集中されました。通称霊能者が行うであろう儀式めいたことや、神仏に礼拝することなど全くありません。一分程度して「あなたのお父さんはこのような人ですね、あなたに似ていらっしゃる」と田中さんは、会った事もない私の父の特徴を詳しく話されました。

その通りです。たぶんその人が私の父であると思います。今あなたには映像として見えているのですね！

「はい、顔や姿が見えています」田中さんは私の父と思える人物を霊視出来ることがわかりました。

私は続いて父に質問しました。「死んだ後、あなたは何処に居ましたか」

田中さんは又無言で話しかけている様に見えました。三〇秒程して「何処で何をしたら良いのか分からず、とりあえず墓地と仏壇の位牌とを行き来していた、と言われています」彼女はそう私に告げました。どうやら田中さんは、いわゆるテレパシーで交信しているようです。

私の父は生前お寺の門徒総代の経験もありましたが、大半の人間と同じように、霊界の成り立ちや死後の世界に無知であり、死んだら全てがおしまいと思っていた為に、戸惑っていたに違いありません。

死んだはずの自分の姿は自覚出来るし、生きているように思える。だが皆に話しかけても知らないふりで分かってもらえない。そこで仕方なしに、自分の墓と位牌を住みかとしているようでした。当然霊界の仕組や生活の仕方を知っているはずがありません。この時点で既に霊界通信手段として、呼びかけ（語りかけ、念じる等）が有効であると経験上分かっていました。そこで私は亡き父に呼び掛けることにしたのです。

その二

「生前〇〇と呼ばれていた私の父へ申します。我々人間は死んだらおしまい、あの世はあるものかと思っていました。しかしあなたも死んでお分かりのように、あの世はあるのです。仏教で言われているように、あの世には極楽浄土や地獄界があるそうです。一念三千と言い伝えられているように、霊界も三千世界があるようです。念じるだけでこれらの各階層に通じています。

あなたは窮屈なお墓や位牌などに居る事無く、広い霊界に旅立って下さい。何も難しいことは有りません。あなたがこの現状から踏み出そうと思い念じることだけで良いのです。行動を起こそう、前進しようとの強い意思決定だけで物事は思い通りに進むのです。何故ならばその世界は想念と言うエネルギーの世界だからなのです。窮屈なお墓や仏壇に留まることなく、速く広い世界に脱出してください。あなたが亡くなつた時、私は二〇才でした。現在はあれから十年、私も結婚し子供にも恵まれました。こちらの事は心配いりません」このように一週間程心で父を思い念じました。

その三

その後、次の段階として「霊界においても、学校や修行する場所があるそうです。自由に望む所で腰を落ち着けて、自分の一生を振り返ってください。親兄弟、親戚、同僚、色々の思いで生活してきたはずです。

自己中心ではなかったか、恨みや妬み愚痴などを持って無意識に生活をしていなかったか。これ等の事を深く反省し一切の事を清算して下さい。我々は魂の向上の為に、この地上界に誕生したようです。色々の困難や試練に遭遇することが、魂の鍛錬の場であるそうです。失敗し間違うことは止むを得ません。心の動きの過ちに気付くことが大切で、己の過ちの原因は他人への思いやりに欠け、財産や地位名誉に囚われた自己保存の心であった時であるようです。

まずは善意なる第三者の立場に立って地上界での一切のことを深く検証することが、霊界での第一歩の仕事だそうです。過ちは過ちと素直に認める。二度と同じ間違いはしない。その過ちの原因は自己保存と我欲の心が引き起こした事に気付いてください。そして、前進しようとする確固たる信念を持つ事、これらの事柄が今あなたに課せられた命題です」このように更に一週間程念じて通信しました。

霊界での修行

その後、「父は私の通信を受け取れたのか、この私の通信に対して父はどのように変化したのか」を田中さんに霊視してもらいました。

彼女の霊視は、対象者を思い浮かべ意識を集中するだけで良いようです。

「あなたのお父さんは、現在海の見える洞窟のような所で、座禅を組んで修行されている姿が見えます。神社やお社にある注連縄が入り口に掛かっており、それから光が発せられているのが見えます。これはどういうことですか」霊視の後、田中さんは私に問われました。

私が父に何を呼びかけたか、ご存じないからです。父の以前の霊視状態からの変化に疑問をもたれたのでしょう。

私の呼びかけにより、父は禅を組み前生の反省という修行を、早速実行に移しているようです。私の通信が通じた事と、父が私の呼びかけに答えてくれた事に対する驚きがありました。そして、今まで漠然と持っていた疑問に対する別な思いが私に湧いていました。

父の修行の中に、思いもしなかった注連縄に対する現象が含まれていた事でした。私は田中さんの質問とは関係ない注連縄についての言葉を発していました。

「ああ、そうですか、やっと解りました。神社等の注連縄は神聖な場所であり、普通の領域との境目の印や飾りと思っていましたが、悪霊や動物霊が侵入しないように、光のバリアー（防壁）を作っているのですね」私は納得しての独り言。

悪霊や低次元の世界は暗く粗悪な波動の世界の為に、光（神仏の象徴）には大変弱く恐れを持っています。父も修行の邪魔をされないよう光のバリアに守られて修行しているようです。私の呼びかけに応じて行動を起こしたということは、霊界通信は可能であるとの確信が持てた出来事でした。

田中さんには、二週間に亘る私の呼びかけの話をすると「そうですかどうりで」と納得されながら「思い念ずるという事はどのような世界にも通じるのですね」と話されました。

それから幾週間が過ぎ、また父の霊視をお願いしました。

その四
何時もの様に田中さんは父に対して心を集中しての霊視が始まりました。
『あれっ、あなたのお父さんが見えなくなりました。どうしたのでしょう』

「なんにも姿が見えないのですか?」私は驚いて聞きました。

『いや、丸くてにぶい光しか見えませんが』

「おかしいなあ、父はどうしたのですかねえ、そうだ父に姿を見せてくれるよう頼んで下さい」私は狼狽しながらお願いしてみました。

本格的な霊界通信と、具体的な行動へのアドバイスは初めてであったため、私の呼びかけでとんでもない事態が起こってしまったのではないかと、私は不安一杯で続く霊視を待ちました。

『ああ、見えてきました。お父さんです』

「光はなんですか? どうしたのですか?」と、ほっとしながらも私は質問をしました。

『わしも良くわからん、おまえが人生を思い返して反省しろ、この世に未練を持つな、と言ったので心を整理してその通りにしたらこうなった。やっと人間界の整理が出来て忘れられたのに、また人間の格好をしろと言ったって大変なんだ』と父は答えました。

後で知ったことですが、霊界の一年生でまだ霊格の低いものは、自由に変化出来ず、次元の粗雑な物質世界である人間界にも、直ぐには適合する事が出来ないようです。死を自覚しないで、自分は生きていると思い込んでいると、死後も生前の姿や服装をしているようです。

その後、私はどうして父が丸い光となったのかが理解出来ないでいました。しかし、古本屋で購入した「心霊科学入門」(現在は恐らく絶版)を読み進んでいると、『霊視される幽体は生前の姿をとる場合と玉状の形をとる場合があり、人魂は後者の場合である』と記してありました。また『霊の書』(潮文社刊)によると、『我々霊魂の目よりすれば、魂は形をもっている。と言っても人間からすれば、何やら焔のような、エーテルの火花のようなものに見えるかもしれないが、……………中略……………もし人間が見る事が出来るならば、うす暗い灰色のものや、光輝くルビー色までいろいろの色がある。それはその霊魂の魂の清らかさによって違う』とあります。

霊界では肉体はなく、また必要でもありません。しかし死後の世界の存在を知らない人間は、当然生前の姿を取っているのです。物質界の執着を反省し、生前の人生での過ちを修正すれば、人間本来の魂のみになることが理解出来ます。他の著書で見られるような現象と同様の状態になっただけなのでした。

この世での魂は修行の為、霊が人間の肉体に同一化して魂として存在しています。しかし死んで魂と肉体が分離しているにもかかわらず、肉体が絶対であり死後の世界と魂の存在が有り得ないと思い込んでいる為に、生前の容姿を取っています。霊界に於いては肉体から永遠の魂が分離するので、やがて人間界の姿を取る必要はなく、魂の素に帰ればそれはある種の精妙なエネルギーの形態に戻るのが、当然の結果だと言えるのでしょう。

父の場合自分の死を自覚し、この世の執着や雑念を反省により浄化していくと、人間の肉体すら執着がなくなり、魂の原点である精妙なエネルギーの塊に帰った結果の姿となったわけです。（しかし霊界に於いてはまだまだ低い次元です）

霊界において地上での一生を振り返り、正しく検証していくと魂としての自覚が生じ、現世の人生は輪廻転生の中の一こまとしての人生であった事に、さらに人間としての肉体は、この世における修行の為のただの乗り物であった事に気付くでしょう。

霊能力者について

自称霊能者や物事が良く当たる町の拝み屋さん等、その能力については判断基準が難しいものです。胡散臭い人物、見えないことを良い事に詐欺師が成りすますなどの混乱が見られます。霊視が出来ると言っても霊格が高いはイコールではありません。

視界の範囲は高さによって広くなるように、霊視者の能力（霊格）によって千差万別です。冬の北海道や東北地方を訪れて、「日本は雪が降り積もり寒い所である」などと、一部を見聞したのみで判断されても困るのと同様です。

私は所謂霊聞はありますが、霊視は出来ません。それ故にこの現象はどこから、何故に起こっているのかを追求しました。ピアノの調律調整は専門ですが、演奏力については趣味程度の能力しかありません。このように霊能者と言えども万能では有りません。困り事の極みだからといって、相談相手はどなたでも良いことにはなりません。それぞれの得意分野もあり、霊格の問題も有ります。妄信は禁物であることを心に留めて起きましょう。くれぐれも賢明なる判断をお願いします。

さて次は、死後生存の事実がなければ有り得ない話を紹介しましょう。

R一〇一飛行船墜落事件

一九三〇年十月五日午後二時、北フランスの片田舎ボーベは大音響と共に閃光が走り、赤い炎の柱が夜空を焦がした。巨大な飛行船が地面に激突して、目を覆うばかりの大惨事が起ったのです。

R一〇一はイギリス航空省が四年の歳月をかけて建造した巨大飛行船だった。全長二三七メートル、最新の技術を駆使し、飛行船時代を築くべきモデルとして建造されたものであった。インドへの処女航海途中で墜落炎上してしまったのである。

この事故から二日後の十月七日。ロンドンの全英心霊研究所で交霊会が開かれた。交霊会の目的は、名探偵シャーロック・ホームズの生みの親として知られる、作家コナン・ドイルと霊的接触を試みることにあった。

出席者は、同研究所の設立者ハリー・プライス、霊媒のアイリーン・ギャレット夫人、オーストラリアの新聞記者イアン・コスターと彼が連れて来た速記者である。霊媒のギャレット夫人はすぐにトランス状態に陥った。

まず、夫人の支配霊（心霊実験や交霊会において、霊界側の全てを統括支配する高級霊）であるウバニが出現、断片的なメッセージを伝えたが、コナン・ドイルは現われなかった。しかし、出席者たちはこの後、戦慄的な体験を強いられる事となった。

突然、アーウィンと名乗る男が霊媒に降霊、苦悶に歪んだ声で勝手にしゃべり始めた。

「飛行船はエンジンの性能に比べて重すぎた。エンジンもそうだ。揚力が小さすぎる。実用揚力に余裕がないんだ。総揚力の計算が間違っている」

「なんだこの通信は？」「アーウィンとは誰だ？」

出席していた全員が戸惑ったが、同時にある事に思い当たって誰もが息を飲んだ。

墜落炎上した一〇一飛行船の船長が、カーマイケル・アーウィン大尉で、彼も犠牲者の一人であった。アーウィンとすると、その船長の霊が現われて、事故の状況を語り始めた事になる。

「新案の昇降舵も、ろくでもない代物だ。動きゃしない。オイルパイプもつまってしまった。炭素と水素の混合比も誤っている。重すぎるんだ。巡航速度も計算ミス。機体がきしんでいる。エンジン不調。上昇不能。巡航速度に達することができない」

皆は発すべき言葉を失い、唖然としている会席者を無視して、アーウィン船長の霊は緊迫の極に達したコックピット内の様子を話続けた。

「テスト期間が短すぎた。誰もこの船のことはわかっちゃいなかったのだ。燃料ポンプ不調。空気ポンプも冷却装置も故障、天候も最悪だ。船体は水浸し。船首も下がっている。だめだ、上げる事が出来ない。コントロール出来ない。コントロール不能。ガス袋の桁に問題がある。弾性がない。ウェイトがかかりすぎているんだ。後から付けた中央部の桁も見当はずれだ、用をなさない。………」

霊媒のギャレット夫人もこの様な飛行船の知識があるはずがない。船長でなければ知り得ない様な状況説明が続く。この様な驚嘆すべき通信をどう解釈すればいいのか！

事故後二日目というこの時点で、調査委員会はまだ実質的な調査活動は始めていない。マスコミも「飛行船が墜落炎上、生存者は六名」という確認された事柄のみを報道していたにすぎなかった。

交霊会に出席していた新聞記者のイアン・コスターがこれを見逃すはずがない。

「死んだ船長の霊が出現！」

この記事が一大センセーションを巻き起こしたのは言うまでもありません。この記事を見たＲ一〇一飛行船の制作にかかわったウィル・チャールトンは直ちに交霊会報告書を入手。同僚と共に慎重かつ綿密に検討した後にこう述べている。

「驚くばかりの内容だ。報告書には四十項目以上にもわたる高度な専門技術的事項と、極秘にされている事項がいくつか含まれている。何故かはわからない。しかし、非常にはっきりしているのは、交霊会に出席した者の誰かが、事前にこれらの内容を知っているはずがない、ということだ」（月刊誌「ムー」、藤島啓章文より）。

事故調査委員会の結論が出されたのは翌年の四月。その報告書は霊界通信には触れていないが、アーウィン船長とスコット乗員の霊が語ったことが、あらゆる点にわたってきわめて正確であったことを追認している。

裁判に勝たせた息子の霊魂

昭和三十四年九月二十一日午後三時。三谷一久氏当時三十六才は、息子輝武君（五才）を自転車の前に乗せてゆっくり第一京浜国道に出て、ガソリンスタンドの前にさしかかった時、給油を終えたトラックが急にバックしてきて衝突。二人は路上にたたきつけられた。

息子、輝武君は頭を下げた為、荷台の下に入って奇蹟的にカスリ傷だけで済んだ。

一久氏は荷台の角が胸に当たった為、後方に跳ね飛ばされ頭を路面に打ちつけて意識不明のまま近くの病院に運ばれた。

ちょうどその時間、一久氏の父長蔵さんは映画を見ていたが、突然頭がキリキリ痛み、居たたまれず映画館を飛び出し、ともかく早く帰って床につこうと考えながら歩いていると、血相を変えて駆けている人を良く見ると親戚の人だった。すぐに声をかけると、「あっ、三谷さん、なんて偶然だ。今お宅に行く所だったのだ。一久さんが交通事故で大怪我をしたんだよ。電話があったので飛んできた所だ」と急を知らせた。

病室にはトラックの運転手がいて「急いでいたのでこんな事故を起こしてしまって、何とお詫びをして良いかわかりません」としきりに詫びた。

一久氏は昏睡状態で外傷もなかったが、脳内出血で亡くなってしまった。通夜の日、夜も更け昨日からの疲れでうとうとまどろんだ時だった。一久氏が白い唇をかみしめて現われたのである。それから次の日も、その次の日も。

「お父さん、私は残念です。私が交通事故で死んだのは絶対に先方の不注意なのです。それなのに、私が死んだ事をいいことにし事件を闇に葬り去ろうとしています。お父さん、真実のために戦ってください」

「お父さん、このままでは、うやむやのうちに泣き寝入りをさせられてしまいます。私は死んでも死に切れません。私だけでなく多くの犠牲者がいます。どうか皆のために立ち上がって下さい」

この様に夢枕に立たれては長蔵氏も夢物語とほうってはおけず、真実の追及に余生を賭けて見ようと決心した。事件は一久氏の霊魂の予言通り進行した。

一久氏の死を知った運転手は以前の言葉を翻し、雇い主の某大運輸会社は盛んに裏工作をした。其のため、この事故を終始目撃していた唯一の老人は、初日トラックが誘導者もなく、急バックして国道に出て自転車を跳ね飛ばした事を証言しながら、二回目には自分の錯覚として証言を取り消したため、運転手は不起訴処分となってしまった。

ところがその三日後、この老人はポックリ死んでしまった。そこで長蔵氏は、自分の集めた資料を元に某大運輸会社を相手取って、東京地方裁判所に訴えを起こした。それから一久氏の一周忌の夜明け、一久氏が現われた。

「お父さん、今日の夕方、渋谷のハチ公の前にたって居てご覧なさい」

これまでの予言は皆的中していたので、長蔵氏は夕暮れを待って渋谷に出かけた。しばらくうろうろしていると、目の前を年齢も体つきも一久氏そっくりな人が通り過ぎて行った。ハッとして思わず声をかけてしまった。

事情を説明すると、其の人は飛び上がらんばかりに驚いた。なんと、いま係争中の運輸会社の社員だったのだ。

「私は三谷さんの話を聞いて、日頃から会社のやり方を知っているだけに、本当にお気の毒に思っていました」と言った。

其の年、長蔵氏は交通事故遺族会を結成して、事故防止を祈願して全国行脚の旅に出た。不思議なことに、過去十回を越える裁判がいずれも一久氏の命日の二十一日午後三時に開かれることである。

昭和三十八年六月二十一日、息子の輝武君が初めて証言台に立たされた。証人が死んだ今日、現場の状況を知っているのは、この子しかいなかったのだ。だが当時五才だった子供が、何処まで話せるか長蔵氏は不安だった。ところが其の日、輝武君は裁判長の鋭い質問に対して、とうとうと答えるのであった。

「トラックが急にバックして来たのです。よけるのはとても無理でした」

当時五才のこの子に父の霊魂が乗り移ったのではあるまいかと思ったのは私だけではなかっただろう。長蔵氏には信じられない光景であった。

間もなく、虚偽の立ち合い検査書を提出した二人の警察官が、同時に血清肝炎となり余命いくばくもないと悟ってか、それぞれ裁判所に進んで臨床巡問を望み病床で検査証は虚偽である事を証言した。また、敵と馴れ合いで、裁判を長引かせようとした長蔵氏の弁護士の家も、自ら火を発して火事となり、恨みを持った霊魂の恐ろしさに始めて気付いた弁護士が、事件の早

期解決に協力してくれたため、ついに長蔵氏は勝訴する事が出来た。（『心霊科学入門』より）

これらは全て、霊魂の存在無しには理解できない事件であります。古い事件ではありますが、新聞と裁判といういわば公式の事柄なので引用しました。

年齢逆行誘導と輪廻転生

コロラド州プエブロ市に、モーレイ・バーンスタインという少壮の実業家がいた。彼の事業は盛んに伸びていたが、この人の趣味として長年催眠術を研究していた。腕もなかなか上達していて、プエブロ市内の医者達と共同で術を多くの人に施して、どもりや偏頭痛、不眠症や過度の喫煙癖、ヒステリー性麻痺のような心身相関性の障害を治すこともやっていました。

一九五〇年（昭和二五年）、ある人が彼に『河がそこにある―エドガー・ケーシーの生涯―』と『転生の秘密―Many Mansions』（ジナ・サーミナラ著）を渡した。

彼はこの二冊を熱心に読み、そこには催眠術による病気の治療のことばかりではなく、転生の証拠も扱われているのを知った。

初めは半信半疑どころか腹もたってきて、インチキをすっぱ抜いてやるぞという意気込みで、ヴァージニア・ビーチにケーシー本部（彼が生前にリーディングした膨大な資料や一般の人々の相談に答えたもの等が保管され、自由に研究出来るようになっている）に乗り込んで行った。

膨大な資料や、直接体験した人々にも会って話をした結果、バーンスタインの態度は一八〇度転換をする事となった。

彼はプエブロに帰って、心理学者ならほとんどの人が知っている「年齢逆行」の実験を開始した。しかし、こんどは年齢逆行のみではなく「生まれた時よりもっと向こうに行きなさい」と暗示する大胆さを身につけていた。ある日、被験者の女性に暗示を与えた所、十九世紀にアイルランドで送ったある生涯について語り始めた。

「その時の名前はブライディー・マーフィーといい、幼児期の最初の記憶は、自分の金属性のベッドのペンキを引っ掻いて剥がしたことだ」と話した。最初は脈絡の取れないものがあったが、何回も実験を重ねていくうちに全貌が整然と展開するようになったのである。

この話の内容が真実であるかを証明する為に、彼女の話から次のような件に関して調査が行われた。内容を明確にする為にこれより抜粋で記述したい。
・催眠にはいると、覚醉時には全く知らない単語を良く使った。
・ハンカチをリネンと表現。
・ある種の調理用具をフラット。

・農業を作物する。
・掘るを埋めると表現。
これらは現代のアメリカやアイルランドでも現在は使われていない言葉であった。しかし、詳しく調べると歴史的には正しい言葉や用法であった。
・一九世紀のベルファスト市にジョン・キャリガンという八百屋、ファーという名の食料品商が住んでいた。
・ペイリ・ズクロスとかいう小さい地名があった。
これらはどの地図にも載っていなかったが、アイルランド現地調査の結果、ペイリ・ズクロスは司祭と農夫がキャヴァン郡に実在していた地名であると証言した。
・当時タッパンスと言う名の硬貨があった。
※専門家たちは最初はそんな硬貨は絶対無いと言っていたが、注意深く調査したら実際に存在していたことが証明された。（『超能力の秘密』ジナ・サーミナラ著より）
彼女の話が事実としないならば、何処から仕入れた知識であったのか。もし虚偽ならば、何故この様な話を作る必要があったのか不可解である。

逆行催眠中、人々をからかってやれというような作り事は有り得ない事です。もし十分な下調べをしていたとしても、なにも得にもならない事柄であります。この話しは事実多くの非難にもさらされています。

この話は人間の「生まれ変わり」又は「死後も生存するといわれる霊魂」よりの通信と称する何かの存在からの知識がなければ、成立しない話しであります。

一九五六年アメリカで起こったこのブライディーマーフィー事件は「ブライディーマーフィーをさがして」という本で発表され、たちまち六百万部という大ベストセラーになりました。それ以来アメリカでは輪廻転生という言葉が日常的な用語として使用されるようになった。

一九八一年のギラップ調査によれば、アメリカ人の二三%が輪廻転生を信じている。

一九八一年、シャーリー・マクレーンの「アウト・オン・ア・リム」が出版されてから、輪廻転生を受け入れる人が三五ないし四〇%になったという事であります。

これまでは古い時代の話でありましたが、現代の一般の若者はどのような体験をしているのでしょうか。オクスフォード精神物理学研究所シーリア・グリーンの論文「Out of the body experi-ences」『霊魂離脱の科学』(笠原敏雄編著 叢文社)より紹介しましょう。

これまで「肉体の外」に出た感じのしたことがありますか。とのアンケートを実施した所、サウサンプトン大学の学生一一五名の内、「はい」と答えた学生は二一名(一九%)。オクスフォード大学学生三八〇名の内、「はい」と答えた学生は一三一名(三四%)。

我々のいう「幽体離脱経験者」が意外と多く存在している事になります。

死を前に何を見るか

一九七八年『人間が死ぬとき』（カーリス・オシス、アーレンダ・ハラルドソン共著）に興味ある実例報告があります。

千七百人の医師と看護婦（アメリカとインド）に、病気の末期患者（五万人）が何を見、何を感じたかに対するアンケートでは、次の如く驚くべき結果で満ちています。

死を目前にした患者が最も頻繁に目撃したのは「人物の幻覚（霊姿）」であり、インタビューの対象の半数以上を占めている。人物の幻覚（霊姿）」を見たと報告された末期患者は四七一例にのぼった。このうち二一六例は合衆国、残りの二五五例はインドの医師と看護婦による報告例である。

幻覚が起こってから患者が死亡するまでの長さは、大半の患者は霊姿を見た直後に死亡したけれども、二七％の患者は一時間以内、二〇％は一時間から六時間の間に死亡している。過半数の患者の六二％は、幻覚体験後二四時間以内に死亡しているのである。

霊姿は誰であったのかとの問に、来世に関連した霊姿が圧倒的に多く、合衆国で八三％、インド調査では七九％に見られていた。

合衆国の大半は親族の肉親の死九一％、インドでは宗教上の人物（キリスト、天使、聖母アリア）を霊姿したのが圧倒的に多かった。ヒンズー教徒はヤマやヤマの使い、クリシュナを始めとする神を見ることが多かった。

現われた（見た）目的は、五〇％があの世に連れていく目的をもっていた。合衆国では六九％、インド七九％が、あの世から迎えに来たのであった。生者の霊姿が患者を迎えに来たとされる事例は皆無であった。この結果は、精神病患者の幻覚とは著しい対照をなしている。精神病の場合には、幻覚として現れた人物の過半数が他人であるか奇異な人物である。（『人間が死ぬとき』より）

このように医師や看護婦による膨大なアンケート結果と分析が掲載されており、この著者は報告書の中で「このような霊姿は実在のものであろうか。つまり、ＥＳＰ（感覚外知覚、透視、テレパシー等）を介して知覚されるものなのか、あるいは死の迫った人間の脳の機能が障害を受けた結果生じた単なる幻覚に過ぎないのであろうか。

紹介したような不死を暗示する現象は、額面どおり受け取って良いものであろうか。額面どおり受け取るとすれば、浅はかというものであろう。患者の医学的、心理学的背景、更には文化的背景をもっと知らなければ適切な解釈は出来ないのである。

たとえば、病気が末期まで進行した患者の多くは、痛みを和らげる目的でモルヒネの注射を受けるものである。ところでこの種の薬物を使用すると、異常な体験が引き起こされることがある。それゆえ、まず科学的方法を用いて批判的に研究した上でなければ、患者の話を受け入れることは出来ない。さりとて頭から否定することも出来ない」との疑問の分析も、この著者は忘れてはいない。

そして、「病脳仮説」「来世仮説（死後世界の存在）」の何れかを、多少なりとも支持するであろうパターンを、このデータの中から見つけ出す事に分析の大半を当てている。

この事柄は大変重要なので、その内容を引用しておきましょう。

「来世仮説が正しければ、霊姿は実在の物だと言うことになる。幻覚誘発性のある既往症（たとえば、脳障害と脳損傷の一方または双方）を持っている患者は一纏めにされ、それ以外の群れと比較された。

幻覚誘発性疾病患者は、他群よりも死んだ親族を多く見たわけではない。それどころか前者の幻覚は、過去の記憶のよみがえりとか、院内で空想上の人物と会話したとかのように、後者の幻覚よりも支離滅裂で取り留めの無い俗事にまつわるものであった。

幻覚誘発性疾病群以外の患者群では、其の過半数があの世から自分を迎えに来た霊姿を見ているのに対して、幻覚誘発性疾病群では、これがわずかに三分の一に過ぎなかった。高熱があったり、モルヒネやデメロール（メペリジン）のような薬物で鎮静されていたりした場合でも、あの世的な霊姿を見る頻度が高かったわけではない。同じことが患者の意識状態についてもいえる。

オシスが「臨終の観察」モノグラフで述べているように、「意識障害が起こって会話がうまく出来なくなった患者よりも、臨終が迫ってもなおかつ意識がはっきりしていて周囲に適当な注意を向け、環境に反応できる患者の方が」霊姿を見る事が多いのである。

また予備調査で行った分析によれば、譫妄《せんもう》状態が基盤になってこのような臨終の霊姿が生じる訳ではないことは明白であるが、この事実は来世仮説の概念に適合する。

男女間、あるいは若年者老年者間の基本的な人格上の差は問題にならなかった。両性とも、父親と母親の霊姿を同じ比率で見たのである。また普通の幻覚の場合には、幻覚を見るかどうかは人格いかんによるのに対して、死に瀕した人間の見る幻（ビジョン）は、人格という要因には影響を受けなかった。

霊姿は、人間の内なる満たされぬ欲求や願望の単なる投影ではなく、外部に歴とした源を持っているようである。…中略。

以上紹介した傾向と追備調査で発見された傾向は、来世仮説を支持すると結論された。

このように「合衆国では六九％、インド七九％が、あの世から迎えに来たのであった」との報告は、仏教国日本において、お迎えが来るとの信仰は常識的ですが、ゲーテの体験と同様に驚くべき報告例であります。臨床例の統計的分析と銘打たれた『人間が死ぬ時、人は何を見たか』（たま出版）は、全編圧倒的な資料とその分析結果のパーセントで埋め尽くされています。強く読者の一読をお勧めいたします。

この様な事例から死後の世界が存在し、新しい死者の霊魂を迎えに来る現象は、著者の意見同様に間違ないと結論しても良いでしょう。

死者がお迎えに来ることが事実であるとすれば、人間は死後霊魂と称するものとなって存在し続けるということをも意味しています。日本に於けるこの種のデータは、残念ながら私は入手出来ておりません。

一八五一年ケンブリッジ大学内に教授クラスが参加した亡霊学会「Ghost Society」が設立され、一八八二年心霊研究学会「Society for Psychic Research」の前進的役割を果たした。少し遅れてオックスフォード大学に現相学会「Oxford Phasmatological Society」が発足した。これらと比較すると日本に於ける心霊学への偏見なのか、隔世の感は否めない。事実、福来友吉氏は東京帝国大学で心理学の助教授を勤めていた一九一〇年、千里眼、透視能力者等に関する研究成果を発表し、学者やマスコミから非難を浴びて帝大を追放されています。日本に於けるこの種の研究はタブーのようであります。

推理科学による死後の世界

この世の中で、死んで生き返った人はいないというのが常識でありましょう。あの世まで行って帰って来たと主張する人々も沢山あります。臨終を告げられた後に蘇生した事例も報告されています。

しかしそれは「死んだのではなく、臨死や仮死の状態であり死亡ではない」との反論が出てきます。現在、臓器移植の問題との絡みで、何をもって人の死とするかが問われています。私は医学が専門では有りませんので、この医学界に於ける死の定義に関して意見は述べられません。そこで、死後の世界について科学的と思われる記述、文献を参照してみましょう。

「物質宇宙の始まった時から存在する超エネルギー・超物質からなる、ある超物質世界が存在し、それがいわゆる【死後の世界】である。この超物質世界は我々の物質世界に対応したものだが、もちろん現代科学では検証出来ない存在だから「どこにある」とはいえない。超物質世界を、物質世界に例えて示したのが、キリスト教などで言う「天国」であり、仏教で言う「極楽浄土」などである」(岡部金治郎博士の推理科学より)

現代物理学では、ビッグバンで物質が出来たと考えています。地球上の物質も相反する性質なり特質を持っています。固い物質、柔らかい物質。また、どんなに固い物質でもそれを溶かしてしまう反物質が存在しています。ちょうど陰と陽、電子のプラスとマイナスのように。

原田馨筑波大学宇宙科学研究室教授「生命の誕生、変容、進化」ではこう記されています。「エネルギーが物質化する時は、普通はマター（物質）と反マター（反物質）を同時に同量生成するはずです。宇宙の始まりに物質法則の対称性が保たれていればそうなるはずなのに、なぜマターだけが生まれたか。なぜ物質が生まれ、反物質が生まれなかったか」

平成二十年十一月二十二日の新聞において、「自然界にほとんど無い反物質を人工的に作っても物質と反応し、たちまち消滅する。ところが反物質の一つである反陽子が、冷たいヘリウムの中で長生きすることを十七年前に発見」した東京大学の早野龍五教授が、その業績に対して物理学の仁科賞を受賞しました。

岡部博士の云う「超物質」や、原田教授の云う「反マター」は、存在しても不思議ではないことを予感させる記事であります。

平成二十年ノーベル物理学賞に輝いた小林・益川俊英名誉教授の理論によると、岡部博士の理論の如く「今の宇宙では反粒子は一時的にしか存在しなかったが、実は粒子が従う法則に微妙な差があった。その為に宇宙誕生直後、粒子の方が反粒子よりもほんの僅かだけ多くなり、反粒子が粒子と合体して消えても、その差だけ粒子が生き残る」と。

小林・益川理論は、二〇〇一年新種のクオークが見つかり同理論が精密に成り立っていることが確かめられています。これがノーベル賞受賞の理由と報道されました。

これまでは粒子と反粒子は対称で、同数であると考えられていました。南部陽一郎シカゴ大名誉教授の「質量の起源」では「この対称性は宇宙が膨張し冷えるにしたがって、自然に崩壊（自然的対象性の破れ）していった」との理論を推し進めたものでした。

最近の報道によると、日欧共同研究チームが「陽子と反陽子の質量はぴったり」との研究成果を米物理学誌フィジカル・レビュー・レターズに発表されました。素粒子の標準理論によると陽子など粒子と反陽子など反粒子の質量は同じという理論の正しさを裏付けた。

それによると、ヘリウムが持つ電子二個の内一個が反陽子に入れ替わった「反陽子ヘリウム」を一千万個程作り、レーザーを当て反陽子の状態を測った。その結果、質量は陽子と一致、電荷（電気の量）も正負の符号は違うものの、大きさは等しい事が分かりました。

「霊魂や死後生命の存続」等の仮説は、この事例のように、時の流れと共に科学的証明が可能となる日が来るでしょう。

霊界が目に見えないとは言っても、南部理論の「自発的対象性の破れ」で説明される例えの様に「立っている鉛筆はどの方向から見ても同じであるが、倒れた鉛筆は見る方向によって形が違って見える」、又は「岡部、原田理論」の提示の様に、霊界の存在も何所かに破れが生ずれば、霊能力者には見えるが如く、一般人の目やある特定のセンサーで感知出来る日が来るに違いありません。

これまで列記したように仮説だから有り得ない、存在しないという事では無い筈です。証明されていない、つまり「時期が満ちていない」という事でありましょう。

死後の霊魂

死後生命の存続があるならば、その世界はどのように成り立っているのでありましょうか。次に、実に明快な解説がありますので、引用してみましょう。

死後魂が霊界での意識回復時の感情を次のように記しています。

●アラン・カーデック編『霊の書』（潮文社）

「しばらくの間、なにがなんだか分からない状態が続く、悪を愛し悪を行って来た者は、悪行の悔いで気も動転する。正道を守った者はこれと違い、重荷から解放された気持ちになる。彼は過去を詮索されても、なんら恐れるものがないからである」

●『神智学大要2』（アーサー・E・パウエル著）

「人間が死んだからといって、突然何らかの変化が起こったためしはない。それどころか死後の彼は肉体が無くなった以外には、全く生前の彼に変わりはないのである。彼はその知性、気質、美徳、悪徳等をそのまま持ち続ける。ちょうどオーバーコートを脱いだ場合と同様、肉体が無くなったからといって決して本人そのものが変わるわけではないのである。そのうえ死後の本人のいる環境状態は、かねてから本人の考えていた通り、欲していた通りのものであることに気付く。：略。ただ生前における自分の身口意の三業の結果が現実になっただけに過ぎない」

●『新訳、E・スウェデンボルグの霊界』（今村光一抄訳）

「人間としての全ての活動を終え、静かに死の床に身を横たえている死者。彼はどこともわからない所から、自分が呼ばれている気配を感じた。：略。

彼がこの奇妙な気配に引きずられてやって来たのは、ある家の一室であった。：略。

さらに部屋の中をよく見回した。すると、人々に囲まれた中央に一つのベッドが置かれ、その上に一人の人間が静かに身を横たえている。事情がやっとのみ込めた彼は、落ち着いて人々の顔を見回した。だが彼の知っている顔は一つもない。この時彼はやっと気がついた。自分は霊としてここに来ていたのだ。：略」

「ジェフがこの世を去って数時間が過ぎた。ジェフの回りには、相変わらず彼の死を嘆き悲しんで涙をこぼしている人々が取り囲んでいる。

ジェフ（死者となったジェフ）は、この時ふっと何かに気づいたように思った。私はさっき確かに死んだはずだったのだが：。

人々が私の手を取り、最期の別れだといって涙を流していたはずだったが‥。あれは夢だったのだろうか。だが彼があたりを見回しても、そこには人々の姿も、彼の住み慣れた部屋も彼の目に見えるはずはない。それは、ジェフが人々と同じ部屋に死者となって横たわりながら、もう別の世界に入りかかっている人間（霊）だったからだ」

このよう人間が死後、霊界に移行しても「死後は全てが無になる」との観念が強い為、かなりの戸惑いを感じる様子が述べられています。

それでは最も切り離せない宗教では、死後の世界についてどのように教えているのでしょうか。世界の主要な宗教は全て死後の世界があり魂の存在を認めているようです。そして呼び方は異なっても、判で押したように「天国と地獄の存在」を語っています。そこで死後の世界を階層ごとに述べてみましょう。

●「バルド・トドゥル」（ニンマ派チベットの死者の書）

「その時、死者の意識は外に現われ、死んでいるのか、生きているのか、彼自身良くわからなくなります。彼には親類がそこに集まっているのが、生きていた時と同じようにはっきりと見え、親類たちの泣く声すら聞こえます。‥略」

「四日半の間意識を失った状態が続いた後、あなたは先のバルド（中間の状態）に進みます。もうろうとした意識の中から目を覚まし、自分に一体何が起こったのだろうかと思いますが、これがバルドの状態なのだと気付いてください。：略」

「第二の光明は、呼吸が止まった後、食事を一回取るよりも、もう少し長い時間がたってからやって来ます。生前どんな善業、あるいは悪行をしたかによって、ブラーナ（生命力のエネルギー・風）は、右か左かいずれかの脈管から入り込み身体にあるどこかの孔から出てゆきます。そして、そのとたん意識がはっきりします。：略」実に明確であります。

次に各宗教の説く階層を図示しましょう。

宗教が示す死後の世界—日本心協会編

階層＼宗派	神道	仏教	キリスト教	回教系	大谷氏
神界・天国	神界	極楽	天国	天国	神界
霊界	根の国 底つ国	浄土・地獄	煉獄・地獄	煉獄・地獄	霊界・地獄
幽界	黄泉の国 冥府	中有界	注 —	注 —	中有界
原界	原界	娑婆	現界	現界	現界

宗派＼階層	神界・天国	霊界	霊界	幽界	原界
ダンテ	至高天・原動天・種々星天	（火の壁）	煉獄・地獄	ダンテは素通り	現界
マイアーズ	超越界・光明界	（火の壁）	中間層・色彩界	冥府	物質界
ワード氏	神界	（火の壁）	霊界・地獄	幽界	現界
心霊研究家	神界	（火の壁）	霊界・地獄	幽界	現界

宗派

※厳然たる区切りはなく、心の状態の変動で自由に移行できる。

注一―死ぬと一回目の審判を受けて天国・煉獄に行き、人類滅亡の日に墓から肉体様の物をつけて最後の審判を受け、生前の行いと信仰によりそれぞれ未来永劫、天国・煉獄（新教では認めていない）地獄に住む。

注二―回教系の宗教では、死ぬと人類滅亡の日まで眠らされ、最後の審判で決められた天国・煉獄・地獄に永久に置かれる。

天国	地獄	
パルデス	ゲヒノム	ユダヤ教
パラダイス	ゲヒナ	キリスト教
ジャンナ	ジャハンナム	イスラム教
極楽	ナラカ（奈落）	仏教
ヒュペルボレオイス	ハデス	古代ギリシャ
天高原（？）	黄泉（？）	神道

宗教に見る天国・煉獄（『宗教の読み方』岩澤亮著より）

ユダヤ教 キリスト教 イスラム教 ゾロアスター教	←審判 ←天国地獄 ←最後の審判 永遠の生命
ヒンズー教	解脱 輪廻
仏教	成仏（極楽往生） 六道輪廻
神道	和御霊（にぎみたま） 荒御霊（霊鬼人でない）

ユダヤ教 キリスト教 イスラム教 ゾロアスター教	←審判 ←天国・地獄 ←最後の審判 永遠の生命
ヒンズー教	解脱 輪廻
仏教	成仏（極楽往生） 六道輪廻
神道	和御霊（にぎみたま） 荒御霊（霊魂神でない）

『コンシャス・ダイイング』（ブルース・ゴールドハーグDr. 著）

13界	神界あるいは名前のない世界	七つの高次界
12界		
11界		
10界		
9界		
8界		
7界		
6界	ソウル界	
5界	エーテル界	カルマのサイクル　五つの低次界
4界	メンタル界	
3界	コザール体	
アカシックレコード界		
2界	アストラル界	
1界	地上界	

マイヤーズの七界説

それでは次に、霊界の各界層の様相を紹介し私の見解を述べてみましょう。

㈠物質界・現界—主として欲望の世界

物質界における霊魂は、物質に宿って一切の経験を積む。この経験はかならずしも地球上の生活に限られない。

「ある者は数多い星辰の世界においても同様である。ただ、他の世界の住人の振動数は地球人の振動よりも高くも低くもあるかもしれないが、総て物質的な振動の持主である」

※この様に外国の研究家においては、他の天体への転生も有り得るとする説も見受けられる。この件は他の機会で述べたい。

㈡冥府又は中間界（死後次界への準備的中間地帯）

「死んだ者の霊魂が一時居る所で、向上して高い世界に行くか、低い方（地獄）へ行くか決まる。悪事を働いた者も、ここで非を悟り信仰心を起こして神に向上を願う心を起こせば向上するが、反対に生前、悪い事をしない者でも死を悟らず、悪い事をすれば低い方へ行く事となる」

物質界で人間が善悪にかかわらず「思った事、行った事」の全てが心の中にエネルギーとして蓄積されている。

悪のエネルギーが蓄積されると重い波動となって粗悪な波動の世界（地獄）へと導通して落ちて行く。

現世とこの界における行いによって、自動的に導通する世界へと進路は決まる。

日本に於いて通説的に語られる「閻魔大王の裁き」に共通点があるが、閻魔が裁くのではなく己自身の心や行った事が、因果の法則として現われる。

㈢夢幻界（幽界）―主として感情の世界
「生前又は中間界でも悪い事はせず、徐々に向上していく霊魂が、修養のためにしばらくいる所である。

重鈍な肉体は現界に置いて来て、ここでは軽い幽体であり、心が全てを決する世界である。

それ故、欲しいものはすぐ目の前に現われ、誰かに逢いに行きたいと思えば、もう自分がその人の目の前に来ている。

それ故、仏教信者の中には此処が極楽、常夏の国と勘違いして修養を怠り、長期間ここで過ごす者もいるということである」

霊界は思う、念ずるということで全てが現象化する。時間や空間の制約が一切ない世界である。人間の本質である心（霊魂）は精妙なエネルギー体である為に、現象化することは当然と思えます。

㈣色彩界（幽界）─主として感情の世界

「夢幻界にいる霊魂は早い遅いの差はあれ、早晩第二の死を迎える。

①霊魂達は第一回の死を経験しているから、大して恐れる者はいない。此処で幽体を脱皮して霊体だけになって色彩界に入るが、霊体は極めて希薄な粒子の集まりで、色と形があるだけで実質的な体ではない。

②各霊魂は色彩界でいずれかの類魂団に属する事となる。そして今迄一人だった個人の霊魂は、それぞれある高い霊魂に統率されている。

③自分と気の合った霊魂達の集まりである群れの一員となり、先輩達の行った一切の知識、経験を身に付ける。類魂は二千人位の大きな団体から、数十人の小さな団体まである。

④仏教で云う再生や前世の業、生まれ出る人についてその人を守る守護霊等は同一類魂中の他の者が代わって分霊として派遣される場合が多い」

そして我々が生まれたり再生したりして、自分の因縁を解消する為に努力するのは、自分の為だけではなく、その類魂団の進歩の為の事も多いという。輪廻転生は元々ヒンズー教の考え方であり、仏教の六道輪廻思想とかが融合がされたと思われます。

同じ様な思考、趣味、経験を経て来た人間の魂は、同じ様な性質のエネルギーを集積していると言えます。

音楽でド、ミ、ソは振動数が倍数の関係にある為に、溶け合って美しいハーモニーとなります。また、善悪に関わらず「類は類を呼ぶ」との諺のごとく、引かれ合って集まり融合します。エネルギーの振動数が整数倍的であれば、音と同様に導通しやすい性質があるのと同じであります。

魂も同様の現象を起こしても何ら不思議ではありません。融合する事は混ざり合うことで、当然他の性質や他の霊魂の一切の英知と経験を取り入れ身に付ける事となるはずであります。ただし、融合しても各人の個性は消えません。

たとえば、湧き水が小川となり大きな湖や海に流れ込み融合したとしても、水としての性質は変わらないのと同様です。

また、魂は永遠であり、人間の人生と使命は「魂の向上の為に努力する事」で有ります。その理由は、我々が「輪廻転生」することで幾多の経験を土台として向上していきます。

その霊魂はかつて起こした失敗や他人に対して取った態度等に於ける責任を負い、償い解消する義務があります。

「自身の因縁を解消する為に努力するのは、自分の為だけではなくその類魂団の進歩の為の事も多い」との説明で十分に納得させられる言葉であります。

前記の守護霊団は、自身の類魂団で己を含めて分霊として七人としている説があります。

㈤光焔界・霊界（幽界）

①類魂は増々向上して霊体を捨て（第三の死）遂に火の壁の中に入り、全てを焼尽くして「我（大我）」又は本体のみとなり白光となる。そして類魂団を統括する「本霊」の存在に気ずく。

②さらに大きな心霊団の中に入り、霊魂は宇宙的に考え、宇宙的に存在し始める。

③自分の衝動を高貴なものに働き続けると、アストラル体の中に高次の物が生じて来る。動物的な欲望を持ったアストラル体と高貴なアストラル体である。

④欲界期を通過すると、人間はアストラル体の高貴な部分を、低次の部分から取り出すことが出来るようになる。

⑤残った欲望を持ったアストラル体が第三の死体となる。

㈥光明界（霊界）―主として理性の世界

①ついには人間個性を超越する不滅の存在の中に参入する。意識のこの段階の特徴は純粋理性である。情緒、煩悩等は陰も形もない。白光こそは完全に均整の保たれた純理の表現である。

②彼等は善と悪との知識と共に、善悪を超越した彼岸の知識をも具えている。

②彼等は勝利者なるが故に、今や何らの形態も必要としない。いよいよ神霊の域に到達したのである。この第六界の存在の目的は、一神即多神、一霊即多魂の統一化の完成であるといえる。

㈦超越界（神界）―主として叡智の世界

①宇宙の最後の物的存在からの脱出である。有形から無形の通路。

②宇宙の本体と融合する。神的実在の一部。宇宙の本体との合同は、決して静寂を意味するものではない。依然として独立的である。（霊魂の個人としての特性や個性はある）いわば大海の一波浪である。実在の中に入り、あらゆる外形の迷いを放棄したのである。

③物質界並びにエーテル界に於ける、永い永い経験の結果として、ある不可知の要素が加

味されている。そればかりか何者にも変えられず、また何事を持ってしても滅ぼし得ない。一つの貴い特質である。

④全体の一部、換言すれば神の一部として、丁度太陽のような働きをしている。霊の光は物的宇宙に万遍なく溢れているが、霊自信は完全に物質から離脱して、永遠の大霊の中に君臨している。

⑤宇宙に即して、しかも宇宙と離脱するという事が、恐らく人生一切の努力の最終の目的であるらしい。

仏教の十界

㈠地獄界

物質等に対する執着（他人の支配、賞賛を浴びたい心、悪事や外面的な）もの、虐待等に対しての異常な喜びを感じるなど、低級な欲望を持った者達の世界。この世界に秩序はなく、あるのは醜い我執の対立だけである。力が支配する世界。

スウェデンボルグの述べる地獄界。

「宗教は、地獄界の罰は神というようなものが与えるものだと説くが、これもまったくの間違いである。地獄界の罰は、そこに住む凶霊自身が、その性質ゆえに自ら招くものに過ぎない。

彼らは常にほかの霊を支配し、虐待し、なぶり者にする事によって自分の喜びとしようとしている。このため、彼らの世界には秩序はなく、あるのは醜い我執の対立だけとなる。そのうえ、彼らの悪のすさまじさは、人間界に居た時のような法律や世間の評判、彼ら自身の打算というような束縛を脱して、赤裸々な悪としての物凄さをむき出しにしているのである」

㈡餓鬼界
あらゆる欲望に対する貪りの状態、仏典では骨だけなのにお腹がふくれ、目を飛び出させガツガツと食べ物を求める姿で貪りの象徴として表わしている。飢えた地帯の界相。

㈢畜生界
ケダモノで象徴される生命状態。人間らしい感情や知性も少なく、心や肉体もケダモノ同然の働きしかしない。

㈣修羅《しゅら》界
争いの状態。自己の狭いエゴから出た争いの世界。
スウェデンボルグの述べる地獄界。
「ある街角のような所に出たとき、突然一人の凶霊が飛び出してきた。彼は何か訳の分からない事を大声で口走っていた。すると彼を追いかけるように、ほかの醜悪な顔つきの凶霊達が町のあちこちから何百何千と集まってきた。彼らはいずれもその醜い顔を一層醜くゆがめて、大声で何かを口走り、ののりし合っている。彼らの心の底にあるものは全てが怒り、憎しみ、仕返ししようとする心、虚偽といったものばかりであった。彼らの全員が、一番初めに街角に飛び出してきた凶霊に打ってかかった。あるものは彼をたたき、あるものは石をぶつけ、あるものはこずき、また目や歯に棒切れや指を突っ込んで彼をいたぶる者さえあった。彼の苦痛の叫びと瀕死の表情は、私に心臓を突き通すような痛みを感じさせた。しかし、大勢の凶霊達には、かえって彼等を一層駆り立て、彼に対する残虐な行為はさらにひどさを加えていった」

㈤人《じん》界
人間らしい最低の条件を持った状態。しかし常に心の状態によっては、前の四界に近い行動を取る事も有る。エゴによる怒りやねたみを出来るだけ避け、欲望のむさぼりに過度にのめりこまない、平静な生き方への努力が望まれる。

㈥天界

サクセスの状態。それに伴う歓びの状態。この幸せは実に不安定である。サクセスそのものが不安定な歓びだし、成功者はしばしば人をあざけり、傲慢から怒ったり、より大きな成功を勝ち取ろうと血眼になったりする。ことに巨大な成功、大きな権力を握った人などに、人界を通り越してその下界に陥る危険性が一番高い。普通の人間の毎日は、地獄から天界までの六道の繰り返しである。(六道輪廻)

(七)声聞《しょうもん》界

六道を一歩抜け出した状態。エゴや欲望、争いや成功の他に、もっと価値のある何かがあるのではないか、と考え始めた境地。その為により深い人生の意義を探っていく生き方。

(八)縁覚《えんかく》界

縁とは真理に触れるチャンス、覚とは新しい高い次元の世界への目覚め。様々な学問や技術の真理を知って、人界や天界では得られない喜びを感じる状態。

(九)菩薩界

人間として最高の状態。人間性の最も高い部分を開いた状態。ここではもう声聞界、縁覚界の中ではあったエゴイズムや思い上がりもない。自分の生命の充実の為というより、他人の生命の幸福感の為に尽くす。

(十)仏界

菩薩界よりも一段高い理想の状態。全ての人間がプラスの方向だけ開かれ、その人の全能力がいつも集中して発揮され（権力ではなく）、知恵と人徳によって民衆の心のよりどころになれる。しかも宇宙とは何か、生命とは何かをはっきり知っている。そこから何者にも動じない力、永遠の喜びと幸福が自然に備わってくる。（『カルマの法則』五島勉著）

神界の成り立ち（ルドルフ・シュタイナー）

神界（霊界筆者注）の第一段階

前世のイメージを訂正する。前世の果実から来世の為の身体のイメージを用意する。

神界（霊界）の第二段階

生命が現実のものとして、川の流れのように脈打っている。地上に生きている間は、生命は自分の中にあり、知覚されなかった。いまや生命が流れているのを人間は見る。そして、第一段階で形成した形態に生命を与えるために、その生命の流れを利用する。普遍的な生命が外だけでなく、内にも流れているのが見られる。外的には、赤みがかった色の生命の流れが植物形態から植物形態へ、動物形態から動物形態へと流れている。精神生活のあらゆる形態、例えばキリスト教共同体が、共同で流れる生命として見られる。

神界（霊界）の第三段階

かつて情熱、感情、愛情として自分の中にあった全てのものが、雲や雷や稲妻のように、自分の周りに現われる。これら全てをいわば客観的に見て認識し、地上の物質がどのような状態にあるかに注意し、魂の生活の経験を集める。

この魂の生活のイメージを見ることによって、魂的な特徴を自分のものにすることができ、第一段階で形成した身体に魂を吹き込むことが出来る。これが神界（霊界）の意味である。人間は神界（霊界）において一段進まねばならない。人間はまだ多くの課題を持っている。人間は自分のことだけに関わりあうのではない。また、神界で全てを無意識に行うものでもない。意識を持って生きるのである。神智学の文献に逆のことが書いてあるのは誤りである。（神智学大要、A・Eパウエル編著では、逆の事は記述されていない。いずれの文献か不明―筆者注）

「本当の精神共同体の上に築かれた友情は、神界ではより強いものとして継続する。親密な友情は神界の霊的共同体に栄養を補給し、より豊かなものにする。このような友情が魂に栄養を与えるのである。

神界の最初の大陸の部分では、全てが陰画の形で見える。この地上の鉱物、植物、動物として物質的に存在しているものが、陰影の形で現われる。それらの形姿の元に、自分自身をも陰画の形で見ると、神界（一般的には霊界）に居ることになる。人間は自分自身を見る。前世における自分の姿を、次第に見ていく。これには深い意味がある。

仏教でも、死に際して今までの人生が走馬灯のように表れるとの説に酷似している。

ゲーテは「目は光によって光のために作られた」と言っている。光が目の創造者だ、と言っているのである。光がないと目は退化して行くことから、このことは理解できる。音の中には耳を創造する力がある。身体器官の全ては、宇宙の力から形成されたのである。何も考えなければ脳はなかっただろう。

ある偉大な自然法則がある。ケプラーやガリレイのような人は、その法則に悟性を向けた。なにが悟性器官を創造したのだろうか。それは自然の叡智である。ある程度完成された器官をもって、人間は地上に歩み入る。しかし、その間に新しい状況が発生している。その新しい状況を、人間は精神を持って消化する。人間が体験するものは、全て創造的に働く。すでに有している目や悟性は、前世で形成されたものである。

死後、神界（霊界）に入ると、生前の自分の体と記憶像の果実を見い出す。さまざまな人生において、自分はどのように進化を遂げてきたか、この人生の経験を経る前の自分はどのようであり、この人生の経験によって自分はどのように成長したかを、比べる事が出来る。そして、イメージのなかに、前世の身体よりも一段高次の身体を形成する」

ここでの神界とは、神の心の領域に達した界相としての意味でなく、一般的に使用している霊界に相当する界相と解釈されます。

自然に対する人間の関係

「自然に接して高貴で美的な感情を抱くことも、神界の魂にとって栄養になる。アストラル界（魂的世界）に歩みいると、物質界では全く見い出せない存在を数多く知る。なによりも、動物の属の魂、群れの魂を知る。地上で人々と交際するように、アストラル界で動物の群れの魂と交遊する。動物は物質界には物質体、エーテル体、アストラル体しか持っていない。自我は物質界にではなく、アストラル界に存在する。ある属の動物たちは共通の魂をアストラル界に存在している。植物にもそのような群れの魂がある。しかし、植物の自我は神界(霊界）にある。そして金、ダイヤモンド、石等のように、共通の素材から出来ている鉱物は、共通のグループの住まいを神界の（霊界）の上位の部分に有している。

人間が死ぬと、その自我はアストラル界で動物の自我達と共に仕事をする。動物界を次第に変化させて行くという仕事である。下位の神界（霊界）で、人間は植物の我達を仲間として見い出す。そして、植物界を変化させるのである。このような方法で、人間は地球を変化させて行く。したがって、地球の様相を変化させているのは、人間自身なのである。

新たに受肉する時に地上の様子をすっかり変えるために、人間みずから働きかけているのである。しかし、この働きかけは高次の存在達の指導の下に行われる。いまや、私たちの周りにあるものは、全て人間が作り出したものである。人間によって地球は変化させられるのである。地球で出来なかったことは、死んでから再び受肉するまでの間に行う。

私たちの進化は、地球全体の変化と関係している。地球をどのように変化させて行くのかは、高次の世界にいる死者達の仕事である。

人間が進化すればする程、地球、動物相、植物相は早く変化し、完全なものになって行く。人間は進化すればする程、神界の高次の部分で、ながい間働かねばならなくなる。粗野な人にはまだこのことはわからない」ルドルフ・シュタイナー

ルドルフ・シュタイナー（オーストリア）について、神智学協会（オカルトや宗教的結社ではない。注）に属し、人智学的精神科学として人間論、宇宙論の立場から「神智学の門前

から」「薔薇十字会の神智学」「宇宙発正論」「神秘学概論」等多くの著作がある。

人間の七つの構成要素（神智学の門前より）

㈠知覚で感知する物質体。
㈡精妙に輝くエーテル体―物質に浸透している。
㈢アストラル体（霊体）―肉体に似ないでもない形態として映り、閃光を発する。さまざまな色彩がこれを取り囲み、物質よりも実に高度の精妙な質料によって構成される。諸々の情緒や激情、欲望、感情が表現され、肉体の頭脳と精神との間の連絡橋ないし媒体となる。
㈣自我体あるいは意識体※以下自我体の中に含まれる
㈤霊我又はマナス―一部は発達し一部は萌芽の状態にある。
㈥生命霊又はブッディ―萌芽の状態にある。
㈦霊人あるいはアートマ―萌芽の状態にある。

スピリチュアリズムの要素

㈠肉体
㈡エーテル体（精神）―宇宙最奥の宇宙意識。心の一分子であり自我のこと。

鉱物にはなく、植物、動物に存在する。成長と発育、生殖、栄養の摂取を可能にする手段の役割もある。

㈢スプリット（霊）―精妙な生体磁気と生体電気のようなもので出来ている。

㈣アストラル体（欲望）―情熱等の全てを包括している。感情が色として現われる。各人によって基本色が異なり、オーラの中に気質、気分を認識する事が出来る。

アストラル体は頭の二倍半の長さ分だけ物質体を超えて出て、雲のように物質体を包み、下方に消えている。アストラル体は他の二体との結び付きが緩み、アストラル体と自我体は物質体から離れていく。アストラル体の中の感情、表象などは全て作用しているが、アストラル体が物質体の外にあるので、睡眠中は意識がないのである。

アストラル体は独自の課題を持っている。しばしば神智学者達が言うように、アストラル体は不活発で、非活動的な形姿で人間の上に漂っているのではなく、絶えず物質体に働きかけているのである。物質体の昼間の疲れや消耗を夜の間に回復させている。眠りは身体に活気と新鮮な力を与え、治癒的な働きをする。

㈤自我体（コザール体を含む）―輪廻転生による霊的収穫の力のエキス。

㈥エーテル体―あらゆる方向に物質体（肉体）を超え出ている。

・目覚めた状態―肉体＋エーテル体＋アストラル体。

・睡眠の状態―肉体＋エーテル体。

・アストラル体（A・Eパウエル）の説

「アストラル体は睡眠中の肉体から抜けて、非常な速度で非常に遠い所まで移動することが出来る。したがって人間がアストラル体の中でまず学ぶ業は、アストラル体のままで移動することである。この現象が理解出来るようになれば、多種多様のいわゆる幽霊や、肉体の自分としては未だかって訪れたこともない場所について知っている、といった多数のいわゆる怪奇現象に解明の光が当てられることになる」

「霊体（アストラル体）の構造と性質、その可能性と限度とを明確に理解することは、肉体の死後人間がその中に移行する新しい生活を把握する上で、必要欠くべからざるものである」

ヒンズー教による四つの意識の状態

㈠ジャグラト（Jagrat）―普通の目が覚めている状態。

㈡スヴァプナ（Svapna）―アストラル体の中で働き、その経験を脳に刻印し得るような夢意識。

㈢スシュプティ（Sushupti）―メンタル体の中で働く意識で、その経験を脳に伝える事は出来ない。

㈣トゥリヤ（Turiya）―三昧の状態で、ブッディ（純愛と直感）体の中で働く意識であるが、
脳とは離れすぎているため、外部の手段では簡単に思い出しうるものではない。

・霊界（アストラル界）

アストラル体＋自我体＋エーテル体が物質体から離れる（死）。

死の瞬間、物質体との結び付きが、心臓のところで光輝きアストラル体＋自我体＋エーテル体が物質体の頭を超えて出ていく。エーテル体は徐々にアストラル体＋自我体（コザール体含む）から離れていく。

肉体から離れた幽体。日本心霊科学協会編

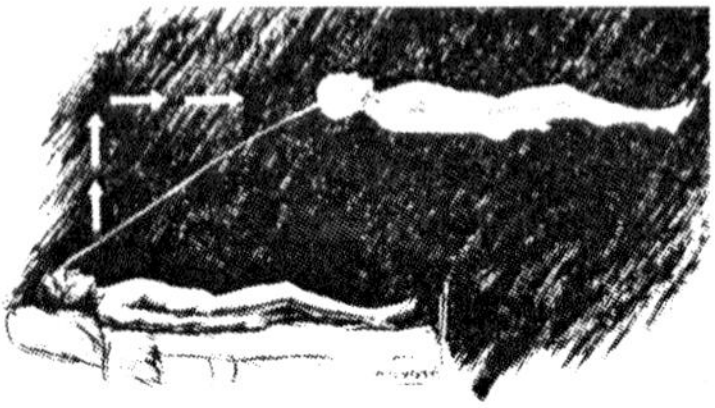

死んだらどうなる

シュタイナーによる死について

・死の状況は、エーテル体とアストラル体、自我体、コザール体が物質体から離れる。
・物質体の死後しばらくの間は、互いに結び付いている。
・死の瞬間、エーテル体及びアストラル体と物質体との結び付きは、心臓の所で解かれていく。
・心臓の所で光が輝き、エーテル体、アストラル体、自我体、コザール体が頭を超えて出ていく。（死とは肉体と結び付けていた通称「銀の紐」が切れる）
・死の瞬間、短い時間の間に過ぎ去った人生の体験が、大きな絵のように魂の前に現われ通り過ぎて行く。（この状態はエーテル体がアストラル体と自我から離れるまで続く）

まれに生きている時に、死ぬような危険な目に遭遇したり、大変ショックを受けた時など、もう少しで死ぬ所だった人も、自分の人生が心の前に現われる体験をする。

一般的な臨死状態

①気が付くと自分の肉体を上方から見ていた。
②トンネル状の中を、上方の小さな明りを目指して物凄いスピードで上昇して行った。
③川や野原、花畑におりたった。
④親族が現れまだ早いから帰れ、又はこちらに来るな等を呼びかけられた。
⑤自分の名前を呼ばれ、気が付いたら体内に戻っていた。
以上のような共通した証言が見られる。

●臨死体験調査（R・ムーディー博士及びキューブラー・ロス）
①死のプロセスの最初に大きな騒音を聞く。
②長く暗いトンネルを通り抜ける。
③自分自身とは離れた所に白あるいは金色の光を見る。
④キリストや仏陀やモーゼといった宗教的人物と出会う。
⑤パノラマ的な人生回顧と審判。
これは学びのプロセスであるという認識。

●ブライアン・L・ワイス（米国精神科医）は、いくつもの退行催眠や各種の研究の中でこのように述べています。

「臨死体験から生還した人々は異口同音に、この世に生きている間にしなければならない最も大切な事は愛を学ぶことだ、と死に臨んではっきりとわかった」と語っている。

以上のことは全体的な多くの共通点を列挙したものであり「気付くとお花畑にいた、妙なる音楽が聞こえた、恐怖もなく安らぎを感じた」等の報告もあり、全員が画一的な体験をするとは断言できません。

●作家水上勉氏の臨死体験

北京で天安門事件に遭遇した氏は、帰国直後に心筋梗塞の発作で倒れた。心臓の三分の二は壊死状態になり、三日間昏睡状態で不思議な光景を見た。医者からもほとんど絶望と言われ、奥さんが郷里の親戚を呼び寄せ、葬儀の準備まで始めたところで意識を取り戻された。

その間の体験は「いきなり三途の川の様な川のほとりに立つことから始まった。

とにかく目の前に真っ黒に近い深い川が流れていた。昼だか夜だかはっきりしないが、水面には所々光が当たっていた。

後ろから三十年近くも前に死んだはずの父に似た声がして、そこからは冥土だから気をつけろ、と忠告されている気がしたとたん、足下を流れる水に気がついた」(『心筋梗塞の前後』文芸春秋刊より)。

このように臨死体験でも多くが川を意識している証言があり大変興味深い事です。日本人なら三途の川は聞いて知っている人が多く、暗示により見たと言われる場合も有るでしょうが、仏教と関係の無い外国人では、どのような記述があるのでしょうか。

この三途の川を「レテのギリシャ神話」に出てくる話に似ているという証言もあり、『臨床分析・人間が死ぬとき』(たま出版)によると「ある男性の末期患者は、妻が川岸に立って自分を待っているのを見た。ギリシャ神話の、この世とあの世の境を流れる忘却の川の様である」と記している。とすればギリシャ神話でも我々の言う三途の川があり「忘却の川」と名づけられている事がわかります。そしてこの患者も現実に見たと証言しています。

三途の川の体験

三途の川に関する私の体験を次に述べましょう。

私の父が死んだ後、最初は自分の行くべき場所がわからず、お墓と仏壇を行き来し、私の呼びかけで死後の自覚と現世での一生の反省を岩屋の洞窟で実施しました。また霊界での移動が自由に出来ることも私の呼びかけで認識しました。

その結果、現世の執着を離れると、人間の姿を取る必要もなくなり、霊その物の姿である丸いエネルギー体となってしまいました。（田中さんとの霊界通信の実験の際）

父は岩窟での人生の反省と検証をしつつ、少しずつ魂の向上に努力していましたが、その後の霊視の結果「三途の川で溺れた人をすくい上げている事」がわかりました。

「その仕事は命令でやっているのか」との質問に、自分の意思で選んだ仕事と答えました。

三途の川を越えられない人も多く、途中で力尽きて溺れている死者も多いようです。心に沢山の気掛かりや悪事など、真理からはずれた分だけ、心は低いエネルギーの波動を蓄積し、魂が重たい状態となり、川を渡り切るには重すぎて力尽きるようです。父の仕事はこの様な人々を舟で助ける役割のようです。

反対に自己のエゴに片寄らず、他人に対する思いやりや人間の人生に対する目的や使命に目覚め、それを実行された素晴しい魂は三途の川などひとっ飛びであの世に渡れているようです。

死の現象

ルドルフ・シュタイナー説による現象より

①肉体からエーテル体、アストラル体、自我が離れる。

②エーテル体がアストラル体、自我から離れる（この間人生絵巻が出現する）。
③エーテル体が徐々に宇宙のエーテルの中に解消していく。粗野な人の場合、エーテル体はゆっくりと解消するが。教養ある人の場合は早く解消する。神秘学徒、チェラ（霊格の高い人）の場合ゆっくり解消して行くようになり、ついにエーテル体は解消されない段階に至る。
④アストラル体と自我だけの存在となる。
通常の人間は、現世の物質と欲望の世界にまみれた生活の為に、言わば欲望の塊と化す。この為に欲望の世界、欲界へと入る事となる。この世も欲望の世界なので、死者の欲界とは重なっている。
⑤死後の魂は、食欲、性欲、物欲等のあらゆる欲望の乾きに直面する。それはまさに「燃えるような乾き」と言う言葉がぴったりである。心に残っていた物質界の欲望が残っているからであります。死して肉体がないにもかかわらず、死後の世界を信じていなかった為に心が要求するわけです。満足すべき物質と肉体がない為に渇望が高じるのです。
死後の世界と魂の永遠性、そして魂（アストラル体）には肉体も食物も必要がない事に気付くまで続く事になります。

●欲界における人生の再体験

死の瞬間から誕生まで、一日一日を逆の順序で再体験していく。肉体が死に瀕した時、人生が絵のように現われる現象が述べられています。現世での出来事が再現されるとすれば、人間が現世において成した全ての事が記録されていることになります。この記録に関してシュタイナーは次のように説明しています。

「霊界を進んで行くと霊的世界の境にたつ。ここに神界の境が現われる。この境は意味深いものであり、アーカーシャ年代記（アカシック・レコード）と呼ばれる。

人間が行った事すべては、たとえ歴史の本に書かれていなくても、神界の境にあるアーカーシャ年代記と呼ばれる不滅の歴史書に書き込まれている。意識のある存在によって世界に引き起こされた事すべてを、この境の領域で経験できる。

ある人間の人生を知りたいと思ったら、確証を持つ為の拠り所として、年代記の歴史から取り出し、そこに精神を集中する。そうすると、その人の周りで生じた事、考えた事、行動した事、全てがイメージとして現われてくる。しかも其れは注目すべき仕方で現われてくる。霊視者は抽象的な文字を見るのではない。全ては影絵のようなイメージとして通り過ぎて行く。空間の中で行われた事の記憶が再現されるのではなくて、彼の中で生起した事の全てが彼の思考の中に生きていたのである。どのような些細な腕の動き一つでさえもアーカーシャ年代記に書き留められている。霊視者はこの年代記とコンタクトする事により、人類一人一人の過去の全てを読み取ることが出来る」

前記の田中さんはこの年代記を霊視出来るのか、通常知り得るはずのない事柄をぴたりと当てられ驚いたものです。

霊眼と霊耳で高次の世界が見えるようになるまでについて、スバ・ラオ（インドの神智学者）は次のように述べています。

「ある人は七十回輪廻転生を経た時に高次の世界が見えるようになる。また、ある人は七回輪廻転生を経た時に見えるようになる。別の人は七十年後に見えるようになる。また、ほかの人々は七ヶ月後、七週間後、七日後、七時間後に見えるようになる。その時は聖書に書いてあるように、夜泥棒のように、やってくる」

ここで表現される数字は一つの例えであり、純粋の意味での数を意味してはいません。要するに霊格の高まりは人それぞれであり、転生の数ではなく心と物質界の浄化にどれだけ努力をなしたかが、結果の相違として現われることを述べているようです。

思い行動して来た事の一つひとつを立ち止まって見る時、物欲に溺れ、私利私欲に走り、恨み、嫉妬心、自負心、傲慢、あらゆる醜い自分と対面させられる時、我々は自分を正視するに耐えないでありましょう。そして物欲等の心の動き、行動を起こした全てに、責任を取ることとなりましょう（原因と結果の法則）。これらの成り立ちを理解すると「次の転生においては絶対に同じ過ちは犯さない」との決意が湧いて来るに違いありません。この決意が起爆剤となり、次の転生への意欲とカルマの解消に向けた人生設計を決める重要事項ともなるのです。

我々の魂は、この様なあの世の欲界に人生の三分の一の長さ止まるとシュタイナーは述べている。七十五才まで生きたら、約二十五年間滞在する事となる。(個人差あり)

聖典による死後の行方と心の在り方

仏教においての来世の行き先は、日常の行いにより閻魔大王が選別する話がありますが、エジプトの死者の書では「審判の部屋があり、死者の心臓が秤の皿に乗せられて、もう一方のマアトトの羽毛とで重さを比較され」心臓が重いと所謂地獄に落ちるようであります。キリスト教では最初の審判により決定するという考え方がありますが、我々の死後の行き先はどのように決定されるのでありましょうか。

●ドルジエ・ターシギによる問答集(平岡宏一訳著)より

「来世を決定するのは、すべて前世の自分の業です。行為を行った自分がその結果を受けるという因果関係だけであって、そこには第三者は介入しないのです」とあります。

「前世の自分の業」とは生きていた世界、つまり現世の人生のありようが原因となり、あの世の世界を決定づけるという因果の法則が働くことを業と表現しております。

業とか因縁と言えば迷信のように感じますが「原因と結果の法則」は物理学でも当然であり納得のいくことであります。

さらに私見では、前世（現世）の因縁はあの世（来世）において全て修正しなければこの世に生まれる事は出来ず、現状より更に高い次元に上るための試練としての環境を選んで出生するという説を取っています。

行き先の結論として「行為を行った自分がその結果を受けるという因果関係だけであって、そこには第三者は介入しないのです」との説につきるでしょう。

エジプトの「死者の書」の審判が暗示するように、動植物全てに関しての悪を行えば、心にマイナスエネルギーが蓄積されていきます。マイナスエネルギーは重たい振動や粗雑な波動と同一で、低次元であり霊界でも低次元の世界にそのまま移行するのです。つまり物理学で言う「原因と結果の法則」通りに結果が出るのは当然であります。

●チベットの死者の書（ゲルク派）編より

死に行く人に対しての導師の役割を次のように述べています。死の直前にこの経典を七回枕元に座って大声で読み始めるという。

「ツェリン・パルダン（人名）よ、良くお聞きなさい。今こそ、あなたが道を求める時です。まもなく、あなたの呼吸が止まるでしょう。その時に、最初のバドルの強烈で美しい光が現われるのです。この光があなたの命を作っていた本質です。その光と一つに溶け合うのです」

死の直後の経典は次のように、死者の耳に触れるか触れないかの距離で語りかけられます。

「ツェリン・パルダンよ、よく聞きなさい。ツェリン・パルダンよ、よく聞きなさい。心が揺るぐことがないよう努めなさい。今や、死なるものがここへ来てしまっているのです。今この時、何ものかを貪り求めたり、執着したりしてはいけない。心を惑わされないようにしなくてはいけない。

あなたの意識を、生まれつき具えていた光の世界に移しなさい。作られたものである血肉の身体を離れなさい。この身体は無常であり、幻であると知るべきです。…中略…

高貴なる生まれのものよ（名前を言う）。歩むべき道を探しに行く時がとうとうやって来ました。息が絶えたらすぐに、導師が示したとおり、根本の光明があなたの前に現われます。これこそ生命の根源を作っているダルマタ（本質、法性）です。

ダルマタとは宇宙のように広大で空虚、光に満ちた空間、中心も境界線もなく純粋でありのままの心のことです。あなたはその心の状態を自覚し、その中に安らぎを見い出すのです。

死に行く者が、最初の光明を覚ったならば、彼は必ず解脱出来るでしょう。もし最初の光明を覚れなかったとしても、その場合には、第二の光明が訪れるはずです。

第二の光明は呼吸が止まった後、食事を一回取るよりも、もう少し長い時間がたってからやってきます。

どんな善業、あるいは悪行をしたかによって、ブラーナは右か左かいずれかの脈管から入りこみ、身体にあるどこかの孔から出てゆきます。そのとたんに意識がはっきりします。…中略…その時、死者の意識は外に現われ、死んでいるのか、生きているのか、彼自身よくわからなくなります。彼には、親類がそこに集まって来ているのが、生きていた時と同じようにはっきりと見え、親類たちの泣く声すら聞こえます。激しい混乱をきたす業（カルマ）の幻影が現われないうちに、死神の恐怖が襲ってこないうちに、導きを授けられることが必要となります。…中略…

高貴なる生まれの者よ。あなたの守り本尊（イダム）を瞑想しなさい。決してほかのことを考えてはなりません。イダムのことだけを一心不乱に考えなさい。イダムは実体のないもの、たとえば、水面に映った月のようなものだと思いなさい。実体のあるものと考えてはいけません」

この様に死を迎える者がその呼吸を止めるまで、耳元で何度も繰り返し唱えることによって、この言葉を死に行く者の心に深く刻み込ませます。

●シェッド・ロック

死者が愛着や執着を残す人物から、心を離してあげる為の経典シェッド・ロックも読まれます。この後、死んで十四日までに起こりうる事柄と心の在り方について、一日ごとに説明がされます。次に要点のみを記します。

①死体から心が分離した時。生命の根源であるダルマタ（法性）が現われる。ダルマタとは美しく、恐ろしい程陽炎の様にゆらゆらと明るく輝いている。

②光の中から何千もの雷の音が聞こえる。この音は自分自信のダルマタから出る音であるから、驚いてはいけない。

③第三の光明は、すさまじい音響、色彩、光によって死者の魂を失神させる。

④失神から四日目に目を覚まし、この日から十四日間にわたって、七つの幻影が必ず強烈な光と弱い光の二組みのセットとして現われる。このバルド〔チョエニ（心の本体）バルド〕では、チカエ（死の瞬間）バルドで解脱出来なかった死者が、覚りを実現するための課題が何かを象徴している。

⑤最初の一週間は平和で慈愛あふれる寂静尊の姿として現われる。
⑥次の一週間は恐ろしい悪魔のような姿の忿怒《ふんぬ》尊として現われる。

一日目

①四日半のあと、もうろうとした認識の中から目を覚ます。いったい何が起こったのかとまどっている。
②輪廻の輪が逆転して目にはいるものは全て光と姿を持ったものに映る。
③宇宙全体が青い光となって輝きだす。中央の仏の世界から毘盧遮那《びるしゃな》如来が女尊を抱いて現われる。
④二尊の心臓から青い光が射してきて、輝きがまぶしくて正視出来ないほどの強烈な光と一緒に弱い白い光も近づきあなたの目を刺す。
この二つの光の体験から悪業の力に屈し、強い光への恐怖を感じ、青い光の英知から逃げ出したくなる。そして、神の白い光のもとに来て喜びを感じる。しかし、それは解脱への道を邪魔する障害物であるから、そんなものに目をやってはいけない。
⑤明るい青い光（仏の世界の英知）だけを求めなければいけない。
⑥そして、毘盧遮那如来に心を集中させて祈りなさい。

「無知のため、私は輪廻のなかをさまよい歩いています。仏の世界の英知の光輝く道へと、どうぞ私を導いてください。そして、女尊アーカーシャダートゥヴィーシュヴァリーが私の後ろから見守って下さいますように。バルドの危険な道を渡る私をどうぞお助けください。そして、仏の道へとお導きください」と祈る。

二日目

①本質的な純粋さを持つ、物質作用の集まり（色蘊《しきうん》）の白い光。白く輝き、曇りなく鏡のような英知（大円鏡智）が、金剛薩多（ヴァジュラサットヴァ）男女両尊の心臓から出て、近づいてくる。

②目を刺すような激しい光で、目を開けていられない。

三日目

①本質的な純粋さを持つ、感情作用の集まり（受蘊《じゅうん》）の黄色の光が、宝生如来（ラトナサムバヴァ）の男女両尊の心臓から出て近づいてくる。黄色く輝く平等の知恵（平等性智《しょうち》）。

光りの輪に飾られて汚れなく輝き、あまりの激しさに目を開けていられない。恐れてはいけない。黄色の光りは英知である。

②自分の心をその黄色の光りのなかにゆだね、動きのない状態にしてゆっくり休ませる。黄色の光りにあこがれを抱くようにする。

③黄色の光りは自分自身の意識の自然な現われであると悟れば、たとえ信心や、祈りの言葉がなくても、すべての形と光と光明が一体となって、自分のもとに集まり、悟りを開くことが出来る。

④人間界の弱い青い光りに、喜びを感じてはいけない。青い光りは自身のおごれる心が蓄積したものであり、無意識の世界に通じる。もし、青い光りに引き込まれると、人間界に落ち、生と老い、死と苦悩に悩まされ続け、どろどろとした底無し沼の輪廻から、永遠に逃れられない。

四日目

①無量光（アミターバ）の神々がやってきて、欲望と卑劣から生まれた貧欲な亡霊のいる光りの道と共に、彼等を誘い出そうとする。アミターバの身体は赤く、手に蓮華《れんげ》を持ち、女尊バーンダラヴァーシニーを抱いて、クジャクの椅子に座っている。

②アヴァローキテーシュヴァラとマンジュシュリーという二人の男性菩薩と、ギーターとアーローカーという二人の女性菩薩に囲まれている。

③併せて六人の仏が、虹色の光りの空から現われる。
④本質的な純粋さを持つ、感覚作用の集まり（想蘊《そううん》）が赤い光りとなってアミターバの男女両尊の心臓から出て、近づいてくる。その光りは、正しく識別する知恵であり、赤い光りの輪に飾られて、明るく汚れなく、かつ激しく輝き、あなたの心臓を突き刺さんばかりで、あまりの激しさに目も開けられない。

五日目
不空成就如来（アモーガシッディ）と密教の五仏が次々と明妃を伴って出現。死者の意識は、この仏たちの心臓から発する光を強烈な光に心を寄せれば、その場で解脱《げだつ》できる。しかし自分自身のカルマの影響を受け、疑いの気持ちや自我という殻に閉じこもった意識は、この救済の強い光に身を任せることが出来ない。

六日目
①これまで一日ごとに死者の目に現われた五仏が、いっせいにそれぞれの女尊や眷《けん》族を伴って出現。さまざまな光と音楽も伴って揃い踏みのように、絢爛《けんらん》たる豪華なマンダラ模様を描く。ここまでで解脱出来なかった凡人を、何が何でも解脱させたいという意思が感じら

れる。
②五仏の心臓から四つの知恵が合わさった太陽の光のような光が、はっきりと死者の心臓を目がけて射してくる。
③最初に毘盧遮那如来の心臓からダルマハトゥの智の恐ろしいほど輝かしい白光が、白い布の様な形になってあなたを照らす。
④光の糸で織られたこの布のなかに、一つの白く発光する円が現われる。非常に澄みきった輝かしい円で、表を下に向けた鏡のようで、他に五個の円が付属。輪廻の六道から射す光に惑わされ、それに惹《ひ》かれてはいけない。ただ五仏とその妃たちだけに集中して、霊感の祈りを唱える。
「五つの毒によって私が迷いの世界に生まれ変わり、輪廻してさまよっている時に、四智の合体した光の道へ、優れた仏たちと五つの世界の仏たちが、私を先導して下さいますように」

さらに「仏の妃たちが私を背後から支えてくださり、不浄な六道の世界から射す光の道から私を救い、険しいバルドの難所を渡るのを助け、五つの清浄な仏の世界に導いてくださいますように」

さて次に、死者に贈る最高の示唆にとんだ一節を紹介しましょう。

「高貴なる生まれの者よ。あなたに死が訪れました。この世を去るのはあなた一人ではありません。だれしも死ぬのです。ですからこの世に望みや執着を持っては行けません。望みや執着があっても、この世に止まることは出来ないのです。輪廻し彷徨《さまよ》い続ける他、仕方がないのです。欲を持ってはいけません」

この　祈りを唱えることによって、能力の優れた人はこれらの現影が自分自身の投影であることを覚り、これらと一体に溶け入って仏となるのです（「シェッド・ロック」より）。

このように、死んでから魂が肉体から抜け出るまでに、色々の留意点を述べ死者の魂を導いていています。日本の仏式の葬儀儀式のように意味不明のお経を読経し、引導を渡しても（引導の儀式がない宗派もある）、死者は慌てふためいているだけでしょう。この様な具体的な指示が、死者だけではなく生者にも安心と道標を与えるでしょう。

「死んだら全てが無になる」などと、決して信じてはいけないでしょう。

●死からソウル界へのプロセス

①ソウル界（現世を一界として六界にあたる）につくと出迎えを受ける。霊的に進化した魂は

出迎えの儀式を必要としない。

②癒しのシャワー――問題を抱えた霊を清める為の一種のエネルギー浴。

③まだ幼い霊集団（五人から二十人）は中心部へ送られる前にガイドから説明を受ける。霊的進化の度合いによりあらたな小グループに分かれる。
④運命の輪と呼ばれる所に入る。転生の為の選択肢を検討する。
⑤生まれ変わる新しい肉体が選ばれる。
認識クラスに参加。最後に新しい人生を明確に理解し、チャンスを活かすクラスへ移行。
（『魂の旅路』マイケル・ニュートン著より）

オーラの色と各階の状態（ニュートン）
これまで輪廻転生の前提となる人間の魂の存在と死後の世界について検証してまいりました。これらについての興味のある読者は既にご承知のキューブラー・ロス博士の結論を紹介しましょう。

出会った人々	状態	魂のオーラの色	
0％	マスターガイ	濃紺か紫	第六レベル
1％	シニアガイド資格有り	廻りが紫がかった明るいブルー	第五レベル
9％	ジュニアガイドの資格有り	廻りが青い縁取りの濃黄色	第四レベル
17％		ハッキリした黄色	第三レベル
31％	境界を越えて交流	赤味がかった白	第二レベル
42％		白	第一レベル

E・ギューブラー・ロスの結論

「死後の世界は一〇〇％確実に存在する」

一九七六年一月来日した女史は、数多くの蘇生体験者を調査研究したことを告げ、「死の瞬間、人間の生命は肉体から浮遊し死後の世界に向かう」との結論を得たと発言した。

「この真理を私は信じていると言うのではないのです。（調査と研究を通じて）知っているのです。信じるとか信じないということではなく、百％確実な事を私は知っているのです」

（前シカゴ大学精神医学部教授）

魂や死後の世界について、単なる私見ではない事を検証する為に、これまで物事を徹底的に追求した研究者達の諸説を紹介してきました。これからいよいよ本題に入っていきたいと思います。

末法の世

この世の中を見渡しますと、「ああ‥もう世も末だ」と嘆かわしい事柄が沢山溢れています。物質至上主義がはびこり、金や地位名誉が最大の目的で「この目的の為には手段を選ばず」との考えの人々が多くなってしまいました。自分さえよければそれで良しとして、金や地位名誉、財産のためなら平気で人々を裏切ってしまう。

立派な家に住み贅沢な生活を送っていれば、世の人々は立身出世の人と尊敬の目で見てしまいがちです。本当の努力の人もあれば、人を人とも思わない卑劣な手段で得た富であっても、結果しか目にしない。我々には区別が出来ません。

この為、ますます「人間いつかはこの世とおさらばせねばならぬ身、ちまちま生きても人生はたったの一度、面白おかしく生きねば損」との考えが支配してしまいます。ましてや罪を犯しても、実刑を受けるかわりに金銭を支払うことにより、留置拘束を免れることも法的に合法です。

「何をしようと金があれば全てが叶えられる」この様な考えが世の中を支配的にしてしまいました。また、倫理に反していても、法を犯していなければ犯罪者としては逮捕されて罰せられることはないかもしれません。逆の立場で犯罪の被害にあっても、弱者の人々は泣き寝入りしています。この様な倫理も道徳もめちゃくちゃな世の中を末法と言います。

つまり、法に則った秩序ある世の中が、末期の状態に来ている、これが末法の世であります。

それではこの様に弱者が浮かばれず、ずる賢い輩が幅をきかす世に、正義は、神仏は存在しないのでしょうか。どう考えて見ても納得がいきません。

しかし、いわゆる「因果応報、業因縁、輪廻転生」というような、一見おどろおどろしい言葉を調べて行くと、思いもしなかった素晴しい考えや教え、真実が浮かんできます。

これらの事柄が理解出来て、物事の結末が見渡せるようになると、悪党共の結末に拍手喝采するであろうし、一方我が身に省みればあまりにも厳しい厳然とした宇宙の法則に愕然とし、身震いするでありましょう。

それがいわゆる因果応報、業因縁、輪廻転生という言葉で表現される宇宙の法則です。古くさいと思い込んでいたこれらを考察すれば、まさに宇宙の法則に則った科学的な言葉であることがわかります。以下に考察してみましょう。

宇宙の法則

いろいろの法則の中で、世俗的で簡単な原因と結果の法則も、この法則の中の一つともいえます。その一つに「悪い事をしたらいけないよ、必ずその報いが来るからね」などと聞かされたものです。

「世の中には悪いことをしても、いわゆる罰など当たっているようには見えない人々も沢山居る。これはどうしてくれる。宇宙の法則どころか変な迷信なんかよしてくれ」と言われてしまいそうです。これは、結果が早いか遅いかのちがいで、必ず結果は生じてくると確信して言えます。たとえこの世での懲罰が目に見えなくても、必ず結果は現われるはずです。何故ならば、宗教や道徳、躾の言葉ではあっても、宇宙に於ける原因と結果の法則と同意義であるからです。

それではここで、簡単な原因と結果の法則を、簡単な例で考えてみましょう。料理で塩を入れれば塩辛く、砂糖は甘くなります。当然の事ですが原因と結果の法則です。別な言葉で言えば「良い種を蒔けば良い結果があり、悪い種子は悪い結果」しか表れません。わかり切った事です。

水を沸かす時、ローソクとガスコンロいずれかを使い分ける事によって、沸騰するまでの時間は当然違ってきます。原因に対して如何なる手段（外的要因）を取るかによって、結果という結論に達する経過が異なるのは当然の事です。前記の善悪の結果の表れにも違いが有る事も同様でありましょう。

この様なことを科学的にと言えば、ニュートンの運動の法則があります。解りやすい第二の法則は『物体に外から力が働くと、物体は力の向きに加速度を生じる。その加速度の大きさは力の大きさに比例し、物体の質量に反比例する』という法則です。この第二の法則を数式で表わすと【ma=F】となります。

簡単に言えば「ある物体を手で押すと、押した方向に動き、また、力の入れ具合で動くスピードは比例します。また、物体が小さいと簡単にスーッと動き、大きいとそれに反比例して簡単には動かない」と言うことになります。このことが言い替えれば、簡単な原因と結果の法則の証明であるとも言えます。運動の法則と同様に、原因が発生すれば必ず何かが起こり結果は発生します。立派な科学的な証明公式です。

たとえば、氷（物質）に熱を加える（原因）と、氷は溶ける（結果）。加える温度によっては鉄さえも溶けて（結果）柔らかくなります。逆に柔らかい粘土（物質）は乾いて固く（結果）なります。さらに水は沸騰し続ければ分散により気体（結果）となります。

この様に同じ原因でも、物体や条件により結果は異なりますが、いかなる場合でも必ず結果は発生します。

「いやいや、それは物体や物質であり我々の心や行動とは違う」と言う声が聞こえそうですが、先程の数式と同様全て同じ現象なのです。

物を動かす力や、溶かす熱の力は通常エネルギーとも言っております。エネルギーとは「仕事をなし得る能力、物事が発生する元となる何かの力」とも言えます。だから結果があるのです。

発明発見、芸術（作詞作曲、絵画、デザイン）等は心で考え、試行錯誤する事によって生み出されます。心で考えた結果、物事が生み出されるということは、心は仕事をなし得る能力を持っていた訳です。つまり心はエネルギーであり、「仕事をなし得る能力・物事が発生する元となる何かの力」を持っている事になります。それ故に、心で思うことや、人間が行動すると当然結果が生じて来ます。

ある物質は燃えて熱やある種のガスを発生し、ある物質は化合する事により化学反応を起こし、ある種のエネルギーを発生します。

この様に科学的にと言えば、心も物質もエネルギーを持っている事には変わり有りません。心は精妙なエネルギー体の為に、三次元の目では見えないだけなのです。人間の行動や心の動きもエネルギーを発し「原因と結果の法則」通り現象化するのです。

アインシュタインと相対性理論の謎

一九〇七年、新しい見解である質量とエネルギーの等価則によると「全ての質量はそれと等価なエネルギーを持たなければならない。全く同様に、どんな形のエネルギーも、それと等価な質量を持たなければならない」と述べている。

相対性理論によると「物質と呼ばれているものと、エネルギーと呼ばれているものとは、実は同じものであり、不可分である」

「物質と呼ばれている特性は、単にエネルギーの集中したものでしかなく、エネルギーと呼ばれている特性は、物質の輪郭が消えてしまったものでしかない。

その典型的な例が光子である。光子は秒速三十万キロメートルという、速度の限界を走ることが出来る。ところがその質量を測定しようとすると、みな熱のエネルギーとなってしまい、質量（静止質量）はゼロとなってしまうのである。

光子がエネルギーを持っている限りは、質量とエネルギーは等価なのだから、質量を持っていることにもなる。ただそれが測定にかかってこない、熱として逃げてしまう、と考えるべきである」（阿基米得氏著より）

当然心もエネルギーの形態で物質では無いので目には見えない。言葉さえも使いようによっては（原因）、相手の心をズタズタに傷つけて（結果）しまいます。

以上の事から心の発動により物事が発生する。原因はエネルギーを持っていることであり、すべて目には見えないが存在している、エネルギーは物質と同等である事の証明でありましょう。

心や魂もある種のエネルギーであるとすれば物質とは不可分で有ります。故に心や霊魂は翔妙なエネルギー体であるから実在する事になります。心の発動（原因）により、善悪にかかわらず言動、芸術（結果）が起ります。これらの事実からも、我々人間も所謂宇宙の法則の一つである原因と結果の法則（因果律、因果報応）から逃がれる事は出来ません。

因果応報とは

「人間の思いや行いの善悪に応じて、報いが来ること・物事の原因に応じた結果が表れる」の意味合いですが、これは迷信や俗信ではなく、原因となるものが存在すれば、因が発展して結果が生じます。前記の如く、原因と結果の法則であり、宇宙の法則なのです。宇宙に存在する地球という惑星の一員ですから因果応報は、人間にも当然発生するということになります。

アインシュタインは、特殊相対性理論で「エネルギー不滅の法則・質量不変の法則」として数式化（E＝MCeq）して証明しました。

心で考える事や、行動する事により発生するエネルギーも同じでありますす。別項での検証の如く、心はエネルギーであることから不滅であるとも言えます。

「肉体が死んでも魂である心は永遠不滅である」と言われる由縁です。この為に例えこの世で因果応報が無いように感じたり、事実無かったとしても、あの世までついて回っていずれ結果は生じるでしょう。科学的根拠として発生する筈であります。

●アインシュタイン博士の手紙

アインシュタインがこの理論を生み出すのを助けてくれた友人マイケル・ベッソが一九五五年死んだ時、次のような手紙をベッソの子ども達に書いています。

「私たちの友情はチューリッヒの学生時代に始まりました。私達は音楽のイベントでしょっちゅう顔を合わせていました。後にパテント事務所で一緒に働く事にもなりました。

家までの帰り道に父上と交わした楽しい会話は忘れがたいものです。そして今、彼は一時的に私に先立ち、この奇妙な世界に別れを告げて行きましたが、そんなことはたいした意味はありません。私たち信念ある物理学者にとって、過去、現在、未来の区別はどんなに頑固なものであれ、単なる幻想に過ぎないのですから」

筆者の勝手な解釈ながら、過去、現在、未来は動かしがたい頑固なものであるようだけど、裏と表が一体のように同じ時間軸の中に混在したまま連綿と続いている（輪廻）とでも言っているようであります。

業（Karman）とは何か

「本来の意味は行為という事でありますが、因果関係と結合して、行為のもたらす結果としての潜在的な力（まさにエネルギー筆者注）とみなされています。つまり一つの行為はかならず善悪・苦楽の果報をもたらすから、その影響力が業と考えられ、例えば前世の行為の結果としての宿業などが説かれるに至っています。良い行為を繰り返し、積み重ねれば、その影響力が未来に及んで作用すると考えられています」（仏教聖典・仏教伝道協会編より）
なお業には「身・口・意」の三種があるとされます。

●ジナ・サーミナラによるカルマ

「文字通りでは行為、行動、作用という意味ですが、道徳に関する使い方では作用と反作用、原因と結果（因果）を指すようになっています。キリスト教の用語に置き換えるならば、播いた通りに刈り取り、他人に為した事はそのまま己の身に帰るだろう、という有名な言葉がカルマを説明しています」

宇宙の法則の一つである因果律（因果関係、因果応報）は、インドのウパニシャッド（紀元前五〇〇年頃）から業という概念があり、因果応報と同様の考え方であるといってもよいでしょう。我々人間が日常的に思う事、行う事の一つひとつにエネルギーが伴い発生しております。その積み重ねが善悪にかかわらず、蓄積されていきます。その蓄積されたエネルギーは、

いずれ何らかの影響力を発揮するでありましょう。丁度コップに注ぐ水が一杯となれば、溢れ始めるように！

因縁（Hetu―pratyaya）とは

「因と縁とのことである。因とは結果を生じさせる直接的原因、縁とはそれを助ける外的条件である。あらゆるものは因縁によって生滅するので、この事を因縁所生などという。この道理を素直に受け入れることが、仏教に入る大切な条件とされる。世間では転用して、悪い意味に用いられることもあるが、本来の意味を逸脱したものであるから、注意を要する。なお縁起という場合も同様である」仏教聖典・仏教伝道協会編より

このように見てきますと、因果応報、業因縁は意味合いにおいてはおおよそ同じでありまず。宇宙の法則を科学的な数式ではなく、漢字という意味合いのある文字を用いて、熟語化しているだけであります。

物質の元となる所の原子や元素が、温度や熱、光、圧力や収縮や拡散等の諸々の原因により変化を開始して、原因による変化の終息が一定の物質となる。

しかし、またもや一定の諸条件が変化すれば、要因の変化に対する結果が現われる。これが宇宙の法則であり、人間も宇宙に於ける一つの心と物質（肉体）である為に、この用件からはずれることは有り得ません。

物事には原因とそれに伴う変化により結果が生ずる。人間的に言えば、良い原因は良い結

果をもたらす。悪い要因が発生すれば悪い結果が生じる。

この輪廻（samsara）は物理学のエネルギー不滅の法則・物質不変の法則により、人間の魂（心）も永遠不滅であり、永遠の輪廻を繰り返す。大宇宙の一員である我々人間だけがこの法則から外れる事はないはずであります。たとえば、人間の誕生は月の引力の作用により満ち潮の時に多く、死は引き潮の時に多いと言われる事からも頷けるでしょう。

あらゆる物質が条件の変化作用により、くるくると変化しています（無常ともいわれる）。たとえ変化はしても、その物質の根源的資質は変化しません。

水の化学式を分解すればH_2＋O＝H_2Oとなります。仏教的表現を借りれば、水素と酸素という物質が因縁により化合して変化すれば水となる。見事な因果応報の科学的証明であります。さらに水が冷却という原因により氷になり、熱による拡散という条件の変化により大気中の水蒸気となり変化して見えなくなる。再び条件の変化により空中にて集中して液体化すると雨となり水としての本来の姿に戻る。姿かたちが変化してもH_2Oという本質は変わりません。

このさまは丁度、輪のように繋がって廻ることを連想することから八相円融とも表現できます。これらの事から、人間の魂も宇宙の法則と同様に輪廻転生するとした考え方が生まれてきた事も当然でありましょう。

輪廻転生（Reincarnation）

宇宙的な視野で眺めますと、太陽が地球を廻っているのではなく、地球を含めた太陽系が太陽を中心に廻っています。この姿も輪廻そのものです。

一方地球規模で見ますと、大自然における先程の水の有り様も輪廻の姿です。雨として地球に恵を与え、木々や草花の間から流れ出でて川となり海に流入します。そして太陽の熱や光のエネルギーにより蒸発して空気中の水分となり、また雲となります。雲や、湿気としての状態から外界の要因により凝縮して水となり、雨となって地上に降り注ぎます。終りなき輪廻が地球の動植物を生かしております。万物万生が輪廻の姿を取っております。

一方、動植物はと見てみると、動物は植物を餌とし、植物は動物の腐敗や糞尿から栄養素を補給しています。

また、人間は木々の発散する酸素を吸収し、木々には人間の吐く二酸化炭素を提供しています。相互依存と輪廻の中に共存しています。

宇宙規模でも地球規模でも、全てが輪廻の法則の中にあります。当然、人間の中に存在する魂（心）も宇宙の輪廻の法則から外れる事は考えられません。

●グスタフ・マーラーはこう言っています。

「我々は皆この世に還ってくる、それが確かだからこそ人生には意味がある」

●アレグザンダー・キャノン博士はヨーロッパでの九つの大学の学位を持ち、膨大な量の前世データを収集した。催眠誘導により千三百八十二人の志願者を現在より退行させ、その証言をファイルに収めた。その結果次のように述べています。

「何年ものあいだ、輪廻説は私にとって悪夢であり、それに反駁しようと出来る限りの事をした。トランス状態で語られる光景は、たわ言ではないかと被験者達と議論さえした。あれから年月を経たが、どの被験者も信じている事がまちまちなのにも係わらず、次から次へと私に同じような話をするのである。

現在までに一千件をはるかに超える事例を調査してきて、私は輪廻の存在を認めざるを得なかった」（一九五〇年「内なる力」より）

輪廻転生の分岐点

チベットの死者の書「シエッド・ロック」では、霊界や来世に生まれ変わる分岐点について、実に具体的な記述が見られます。

①動物

「あなたが動物として生まれ変わるのであれば、岩の洞窟、地面の穴、そして茸の小屋などが霧がかったように見えるでしょう。ここには入ってはなりません」

神智学では霊魂は停滞しても、下界に再生する事はないとする説があります。但し霊界に移行する時、まさに畜生的な次元の低い霊はその様なエネルギーの波動のままに畜生界層に移行し、姿も動物そのものの形をとるようです。

「この姿を霊視した者は霊界で動物として生まれ変わった」と認識してしまうでしょう。

②餓鬼

あなたが餓鬼として生まれ変わるのであれば、朽ち木や崩れかけた洞穴、そして小さな黒い空き地等が目に入るでしょう。そこに入ればあなたは餓鬼として生まれ変わり、飢えと渇きによってあらゆる種類の苦しみを味わうことになるでしょう。したがって一歩も足を入れずに去ることを考え、断固として抵抗しなさい。

③地獄界

あなたが地獄界の者として生まれ変わるのであれば、邪悪なカルマを背負った者たちの唄う歌が耳に入るか、あるいは争うすべもなく入れられてしまうかのどちらかです。あるいは黒と赤の家々と黒い穴と黒い道路のある暗黒の世界に自分が入った感じがするでしょう。そこに行けば地獄界に入り、熱と寒さによる耐え難い苦しみにつきまとわれ、逃れることが出来なくなるでしょう。それゆえ絶対に中に入ってはいけません。注意を払って一歩も足を踏み入れないようにしなさい。

④再生選択の時

あなたは今、精妙な超能力（神通力）がそなわっていて、全ての場所を知ることが出来るのですから、再生の場所を選択すべきです。

⑤そして、清浄な仏の世界にあなたの意識をポワ（転移）させるか、再生の胎の入り口に入るかを選択すべきである。

①②③の項目は実に具体的に表現されていますが、私見では本人が過ごした人生の有様によって生じた波動の蓄積の状態のままの世界に移行することが現実のように思われます。

輪廻転生に関する言葉

●パドマサンパヴァ

「過去世の自分を知りたければ、今の自分の行いを見ることだ」

●ボルテール

「一度生まれるより二度生まれる方が不思議だとはいえない。自然界のあらゆるものは復活する」

●ジョン・メースフィールド」（英国の詩人）

「人間が死ぬと魂は再び地上に戻り、新しい肉の衣を着て別の母から生まれてくる。そしてより強い手足と、より敏《さと》い脳を持って、この魂はまたその道を行くのである。

●アレキサンダー・キャノン（博士、ナイトの称号を持つ英国の著名な精神科医）

「長い間、私は再生説と戦ってきた。私は再生説を否認しようと、あらゆる努力を傾注した。しかし、毎年種々の宗教や思想を持った人々が催眠されると、皆一様に前世の話をするのである。私はこれまですでに、一千件以上の事例について、その証拠となるものを調査した結果、再生という現象は事実であると断定せざるを得なくなった」

筆者はこれまでに、カルマと輪廻転生について単なる迷信やたわ事では無いことを検証してきたつもりです。この事は日本や仏教国のみで言われていることでしょうか。輪廻転生について、改めて諸外国ではどの様なや思考、伝説があるか紹介しましょう。

輪廻転生の流れ

●『死と信仰の心理』（臼居利朋著）より

インドのウパニシャッド時代から業（カルマ）の説と結びつく輪廻転生の考え方につながり、仏教の大きな課題となった。また、この考え方はオリエントを通じてギリシャに伝わりオルフェウス派、ピタゴラス派の思想に大きな影響を与えており、神智学でも霊の再生の根拠となっている。

一方、子供の出生の時には必ず霊の世界に一つの死があること、また、人間の分身である霊魂は死後しばらくたつと部族集団にもどり、新しく生まれる子供のなかに宿ることなど、各部族特有の死生観が説話に反映している。これは多くのアフリカの部族、メキシコのウイトト族、オーストリアのアランダ族などにはっきりとした形で信じられており、かなり世界的な広がりを持っている。

ヨーロッパでもゲルマン民族では、死んだ長上者の名前が新生児につけられる例が多い。遺伝的な要因から性格、外貌の似た子供を一族の中で現実に見ると、先祖が子孫に生まれ変わるという考え方には、心情的に強く訴えるものがある。

●『驚くべき現代の神話・輪廻転生』（J・L・ホイットン他著）より。

正統派キリスト教やユダヤ教、イスラム教では輪廻を否定しているにしろ、これらの大宗派にはどれも、かつて輪廻を支持して論争してきた党派がいた。一般に信じられているのとは裏腹に、生まれ変わりは多数の原始キリスト教徒たちに広く受けいれられており、なかでもオリゲネスが転生を信じていた事は有名である。聖アウグスティヌスもあきらかに「人間存在は一回限りではないらしい事に頭を悩ましていた」

「主よ、お聞かせください。幼少の頃の私は、より前に死んだ別の時代の私の人生を引き継いでいるのでしょうか」と書いている。彼もたぶん現代キリスト教徒の多くが知らないように、イエス・キリストが輪廻を立証していたという事実を知らなかったのだろう。このことは、聖書にも書かれているし、グノーシス派の書物にはもっとはっきりと書きしるされている。グノーシス派の福音書「信仰の知恵」には、「魂はこの世ひとつの身体から別の身体へとつぎつぎに注ぎいれられる」というイエスの言葉が引用されている。

四世紀になって、キリスト教は迫害された秘教の信奉者たちの集団から発展し、政治の世界にも影響を及ぼすまでの大組織に成長したわけだか、このときになって初めてキリスト教神学における輪廻への反対論が表れた。これにも屈しない彼らには異端という烙印を押された。

転生（Reincarnation）の実態

リ・インカ・ネーションとは、ラテン語 re（再び）、in（中に）、carne（肉）から成り立っており、「もう一度肉体の中にはいる」との意味合いから成り立っています。

もし生まれ変わるとしたら男がいいか女がいいか、あるいは現在の結婚相手ともう一度結婚しますか、などのテレビインタビューが放送される事があります。実際に生まれ変わりの実例はあるのでしょうか。再生については、なかなか証明が難しいものです。

ここに、実に非の打ちどころのない好例として上げられる、「勝五郎の再生」と言われる話について、心霊科学入門より紹介してみましょう。

この話が世界の再生事例中白眉と言われる由縁は、民間伝承ではなく平田篤胤が、本人及び家族より直接聞いて書き残したもので、地頭の多門伝八郎から御書院番頭、佐藤美濃守へ提出した届書の写も保存されているという確かな話であります。

この事例は小泉八雲（ラクカディオ・ハーン）によって報告され、イアン・スティーブンソン博士の論文によって発表されています。長くなりますが、ここに引用いたします。

勝五郎の再生

文政五年（一八二二年・一七七年前）、武蔵国多摩郡（現在の八王子市東中野谷津入）の百姓源蔵の倅、勝五郎は八才だったが、姉フサ（十四才）と兄の乙次郎（十三才）と田のほとりで遊んでいる時、突然兄の乙次郎に向かい、「おまえは、もと何所の誰の子だったのが、こっちの家に生まれて来たのか」と聞いた。「そんなこと知らない」と乙次郎が答えると、姉のフサにも同じ事を聞いた。

「どこの誰の子だったなんて、どうしてわかるの、おかしな事を聞くのね！」と馬鹿にしたようにたしなめると、勝五郎はいかにも不思議そうな顔をして、「それではおまえらは、本当に生まれる前の事は知らぬのか」と聞き直した。

「では、おまえは知っているのか」とフサが聞くと「われは良く知っている。われはもと程窪村（現在の南多摩郡日野市程久保）の久兵衛という人の子で藤蔵といったのだ」と勝五郎が話出したので、フサは驚いて「このことを父母に告げる」と言うと、勝五郎はひどく泣き悲しみ「親たちには言わないで」と頼むので「それでは言わないが、悪いことをしたり、止めても聞かないときは言う」と約束し、その日はそれだけですんだ。

その後あれこれあって、ついに両親、祖母が不審に思って問いただす事となった。勝五郎はしぶしぶ次のような話をした。

「われはもと程窪村の久兵衛の子で、母の名はお志津という。われが小さい時久兵衛は死んで、その後半四郎という人が来てわれを愛し育ててくれたが、われが五才の時われは死んだので、ここの家の母親の腹に入って生まれたのだ」

両親、祖母はこれを聴き、あどけない子供の話としては、あまりにも不思議すぎると思ったが、簡単に取り上げる問題でもないと、そのまま打ち過ごすことにした。

しかしその後、両親に会わせてくれと夜ごとせがむので「それでは、生まれて来た時のことを、初めから詳しく話してみよ」と言った所、次のように話し出した。

「われは薬を飲まなかったので死んだのだ。（実際は文化七年二月四日、藤蔵五才の時泡瘡で亡くなったが、再生して八才になった勝五郎はこれを知らなかったのである）

生きが絶える時は苦しくなかった。からだが桶の中へ入れられる時、飛び出て傍にいた（幽体離脱）。

山に葬りに行く時は、白い布を被せた逗子の上に乗っていたが、体の入った桶を穴に落とした時の響は今でも覚えている。坊さんがお経を読んだが、有難いともなんとも思えず、お寺は嫌だったので家に帰り、机の前にいた人に物を言ったが聞こえなかった。

その時、黒い髪を長く垂らして白い服を着たお爺さんから「こっちへ来いよ」と誘われたのでついて行き、何処とも知れずだんだん高く登って行って綺麗な草原に着き、そこで遊んでいた。

ある場所に花がたくさん咲いていたので、枝を折ろうとしたら小さな鳥が出てきて脅された。その時の恐ろしさは今も覚えている。そこでは、われの家で親たちがわれのことを話す声も聞こえた。また、供物をあげてくれるとすぐにわかったが、温かい供え物はその煙が匂ってきて甘く感じた。

七月に庭火を焚く時、家に帰ったら団子など供えてあったことを思い出す。このように遊んでいたが、ある正月、お爺さんに連れられて、この家の前を通り、お爺さんから「あの家に入って生まれよ」と言われたので、お爺さんと別れ、庭の柿の木の下にたたずんで家内の様子をうかがった。

三日目に窓の穴から家に入り、かまどの側でまた三日間、母の体に入る機会をうかがっていた。

ある夜、母がどこか遠い所へ行く相談を父としていたのを覚えている。その夜、母の体内へ入ったが、どのようにして入ったか、今はよく思い出せない。

これについて勝五郎の父すなわち再生後の父源蔵は、勝五郎が生まれた年の正月、ある夜、闇中で妻と語らい、かく家が貧しいのに子供が二人いては老母も養いかねるので、三月から妻に江戸へ奉公に出てもらう相談をした。このことはしばらく老母にも話さず、二月になって母に告げ、三月に妻を奉公に出した所、すでに懐妊していたことがわかり、暇をもらって家に帰って来させた。

勝五郎が生まれたのは十月十日であるから、身もごったのは正月であり、このことは夫婦以外知らぬはずで、勝五郎が知っているのは不思議だと語った。

そしてさらに「母の体内にいる時も、生まれる時も苦しい事はなかった。ただ四つか五つの頃までは、何でもよく覚えていたが、だんだん忘れてしまった」と八才の子供が大人も驚くような話しをしたのである。

記録によれば藤蔵は文化二年、多摩郡柚木領程窪村の百姓藤五郎（若年の名は久兵衛）の子として生まれたが、藤蔵が二才の時、父の藤五郎は四十八才で死亡した為、半四郎なるものが入夫して継父となった。

藤蔵は文化七年二月死亡、勝五郎は文化十二年十月（一八一六年）小宮領中野村の百姓源蔵の子として生まれたのであるから、藤蔵は五年半で勝五郎として再生したわけである。

また、勝五郎の前世の父の名は藤五郎であることについて、霊魂否定論者は偶然の一致と言うかも知れないが、次の例でわかるとおり決して偶然ではないのであって、このような事例は非常に多い。

この話を聞いて祖母は、益々不思議に思い、村のお婆さん達の集まりがあった時、ためしに「程窪村の久兵衛と言う人を知る人はないか」と聞いた。すると「自分は知らないが、程窪村には親戚がおるから聞いてみよう。しかし、どうしてそういうことを聞くのか」と言われて、祖母は黙っておれなくなり、勝五郎から聞いた事を詳しく話した。

その正月、程窪村から何某という老人が来て「自分は程窪村の半四郎という者と親しい者である。久兵衛とは藤五郎の若い頃の名であるが、十五年前に死亡し、その後に半四郎と言う者が入夫した。最近、人づてに五才の時死んだ久兵衛の子の藤蔵が、こちらの家で生まれたと聞いたが、あまりにも符合していて不思議なので、半四郎夫婦に頼まれて聞きに来たのだ」と言った。

そして話を聞き終わり、ますます不思議がって帰って行った。

この話が広まるにつれ、多くの人が見に来るようになり、また勝五郎は外に出ると程窪小僧と呼ばれたりするので、外で遊ばなくなった。しかし夜になると、「程窪村の半四郎方へ連れて行ってたも」と、いよいよ激しく泣き叫ぶので、ついに正月二十日、祖母は勝五郎を連れて裏山を越して四キロ程の距離にある程窪村に行き、この家か、あの家かと問うと、「もっと先だ」と、どんどん先に立って歩き、ある家の前まで来ると「この家だ」と言って駆けこんだ。

勝五郎は前から、半四郎の家は三軒並んでいる家の真ん中の引っ込んだ家で、裏口から山へ続いていると言っていたが、その通りだった。半四郎夫婦は、かねて人づてに聞いてはいたが、なお祖母の話を聞いて、不思議があり、あるいは悲しみ、共に涙に沈み、勝五郎を抱き上げて、つくづく顔をうちみまもり「五才で亡くなった藤蔵に良く似ている」などと話していると、勝五郎は抱かれたまま、向かいの煙草屋の屋根を指して、「前にはあの屋根はなかった。あの木もなかった」などと言うが、皆その通りなので、一同はますます驚いた。

そのうち親戚たちが集まってきたが、久兵衛の妹という人がいて、「久兵衛に良く似ている」

と言って涙を流した。

その日は中野村に帰ったが、その後も「程窪へ連れて行って、久兵衛の墓参りがしたい」と源蔵をせめていたが、二十七日になると半四郎が源蔵と近づきになりたいと尋ねて来て、勝五郎に「程窪に行かぬか」と誘った。勝五郎は墓参りをして来ると喜んでついて行き、夕方帰ってきた。

その後も折があれば「半四郎の許へ連れて行ってたも。あの家と親類の結びをしてくれ」とせがみ、親戚が「暇が出来たら連れて行ってやる」と聞き流しているうちに、四月二十九日、地頭から源蔵に対して呼び出しがあり、これが御書院番頭にも報告されたのである。

なお、この多門伝八郎の届書の写しには、文政六年（一八二三年）当時の両家の家族構成や、藤蔵の菩提所は柚木領三沢村の医王寺という禅寺（現在は高幡不動前の金剛寺に合併）で、墓は家の近くの山の上にある事など克明に記してあるという。

証拠の印を持つ再生

次は再生の証拠とも言える印が、肉体に現われていた事例を『死後の生存の科学』（編著 笠原敏雄　叢文社）より紹介しましょう。

㈠日本兵のビルマ人少女への転生

一九五三年十二月二十六日ビルマ中央部のタルン村に、マーティン・アウン・ミヨさんが生まれた。母親は妊娠後数ヵ月して、上半身裸で半ズボン姿の日本兵が夢に現われて追い回し「お前の所に生まれ出るぞ」と言ったという。母親は怖くて「ついてこないで」と言ったが、男は五日から十日の間隔で、三回同じ夢に現われた。

その子マーティンはなかなかビルマ語を覚えず、良く発音を間違えたようである。四才のある日、父親と散歩している時飛行機が飛んできた。すると、突然少女は「おうちへ帰りたい」と泣き叫び怖がった。それ以来飛行機を見るとおびえて泣き叫ぶので、父親が理由を尋ねると「撃たれるから」と答えた。そんな飛行機恐怖症を母親がしかると「何もわからないくせに。あれに撃たれて死んだんだよ」と反論した。

そして、沈みこんでメソメソ泣いているので、その訳を聞いたところ「日本に行きたいんだよ」と答えたりした。

この後、徐々に記憶を取り戻して語った事柄は、信じられない物語であった。

「マーティンの前世は、第二次世界大戦が始まって間もない一九四二年、タルク村を占領して駐屯していた日本兵だった。

東北出身の兵士は結婚しており、子供が五人いた（時々数は違った）。軍隊では炊事兵だったので、山になった薪のそばで炊事を始めようとしていた。その時尾翼が二枚ある飛行機が急降下をして来て機銃掃射をしてきた。半ズボンに腹巻姿であったので、機銃掃射を逃れようと薪の山の周りを回ったが、弾がももの内側の付け根に命中して、即死してしまった」と言うものであった。

元日本兵であったとの証拠としての名前も語られてはいない。しかし、作り話をしたところで、彼女にとっては何の利益にもならない話であります。日本兵の転生である可能性が高い理由は次に上げる項目であります。

家族の話による検証

①ビルマの暑さやビルマ風の辛い味付けを好まず、甘い食べ物を好んだ。幼少の時には魚を、とくに半生の魚を好んで食べた。

②幼い頃、家族には全く理解出来ない言葉で独り言を言ったり、他の子供と話をしていた。(誰も注意して聞いていなかったので、日本語であったかは解っていない)

③少女は男物の服しか着ようとしなかった。小学六年の時、学校から女子の服装をするように命じられたが、強く拒否してとうとう退学してしまった。十九才を過ぎて女性であることを受け入れるまでは、完全に男性だと思っていた。

④何時も男の子とばかり遊び、兵隊ごっこが大好きだった。他の兄弟は兵隊ごっこをした事がなく、彼女はおもちゃの鉄砲を父親に買ってもらった。

⑤よく日本に帰りたい。大きくなったら行くつもりだと、あまりにも日本の事ばかり話すので、ジャパンキー（日本のやつ）というあだ名を付けられていた。

⑥彼女には生まれつき鼠蹊《そけい》部に母班が有った。ちょうど性器の部分で、茶色っぽくて、長さ縦二センチ五ミリ程の親指大であった。そこを触ると痛く、傷は二〜三才頃まで開いていた。まさに銃撃の跡のようであった。

⑦スティーブンソン教授によると一九七六〜七七年頃、ビルマのピヨブエ付近を訪れた日本の戦没者慰霊団が、前世が日本兵であると言う少女に会ったらしいという。少女が慰霊団の班員を、自分が戦死した場所に案内し「遺骨が出るはずだから掘ってみよ」と指示した。班員が掘って見ると、本当に遺骨が出て来たのだった。班の一人は自分も当時の戦闘に加わっていたと語り、少女の言葉が真実であると認めたという。月刊ムー六九号より

翻訳者の笠原敏雄氏がスティーブンソン教授の依頼により各方面への調査したにもかかわらず、日本兵の所属部隊、氏名、死亡年月日は残念ながら確認することが出来なかった。

㈡松公の再生

東京都杉並区堀の内の火葬場内に、松太郎（通称・松公）という名物乞食が掘立小屋を建てさせてもらって住んでいた。彼は学問もあり人物もしっかりとしていた為知人も多かった。彼が昭和十年十月に死んだ時、彼の日頃の善行に感心していた人々が、立派な葬儀を出してあげた。

特に親しかった山崎平三郎氏が松太郎の内股に「南無妙法蓮華経　松太郎　東京杉並高円寺三丁目一七九、山崎平三郎記す」と印し「よい親の許に生まれ変わって来い」と祈念した。それから三年後の昭和十三年十月、山崎氏の家に突然大阪の人が尋ねてきた。

「昭和十一年、私の家に男の子が生まれたが、その内股に「南無妙法蓮華経　松太郎」と書かれてあったので、日蓮宗の高僧や祈祷師に頼んで拝んでもらったが消えません。ところがある晩、夢に子供が出てきて「書いた人に頼めば消える」と申しましたので伺ったのです。ついでに松太郎さんの話もお伺いしたいと話した。

山崎氏は松太郎について、ありのままを話し「昔からお墓の土で洗えば消えると云われているから」と言って客人を松太郎の墓に案内し、墓の土を持たせた。

「これで消えない時は、私が伺いますから電報を打って下さい」と客人を帰した。

すると一日おいて「キエヌスグコイ」との電報が来たので大阪に出向いた。大阪の人は市内に立派な邸宅を構えていた。松太郎はその家の次男坊に再生していたのである。

さっそく奥に通されて子供の内股を見ると、ちょうど入れ墨のように紫がかった色で字がありありと読み取れた。山崎氏は謹んでお題目を唱え「松公、よい家の子に生まれて来て良かったなあ、実証を見せてもらって有難うよ」と言い、水を含ませた脱脂綿でお題目を唱えながら拭うと、次第に薄くなり間もなく跡形もなく消えてしまった。(『生命の不可思議』安谷量衛著より)

㈢足の裏の文字

明治四十三年岐阜県羽島郡竹ケ鼻町の国島兵助という人の妻が男児を生んだが、その足の裏に歴然と「文」という字が現われているので評判となり、岐阜日々新聞社に掲載されたが、これを富山県の新聞が転載した。するとこれを見た富山県福光町大字福光に住む小学校の先生が国島兵助方を尋ねてきて「文子という自分の長女が死んだ時、悲嘆のあまり再生を願い、足の裏に「文」という字を書いて埋葬したので、ぜひその子供を見せてもらいたい」とのことであった。

「そんな馬鹿気た事があるなど、とても信じられませんが」と国島兵助は彼女の申込に応じることをためらったが、あまりに熱心に言うので、とにかく家の中に通した。

そして、その子を見せたところ、男女の相違はあるが、容貌は文子に酷使しているという。

そして、足の裏の字も全く同じだったので、これを聞いた人々は文子の再生を疑わなかったという。（『心霊科学入門』坂谷樹・宮沢虎雄著より）

㈣首の刀傷のシャンカー

一九五一年、ラヴィ・シャンカーはインドのウタブラディシュ州カナウジに生まれた。彼は母親と姉の証言によると二、三才の頃に「自分は前世では床屋ジェゲェスワール・プラサドの息子だった」と言い始めたという。

「同じカナウジの街のチッパティ地区に父の家はある。そこが自分の家だからそこへ連れて行け、ここは自分の家ではない」とも言った。また、シャンカーは親に玩具をねだる時は「前世でその玩具を持って居たんだ。だからそれが欲しい」と要求した。それらは伸縮バネ付きのボール、クリシュナ王の玩具像、木製の象、玩具のピストルなどがお気に入りであった。特にピストルはインドの貧しい親達には買ってはやれない高価な玩具であった。

父親グプタはシャンカーに前世の話をさせないようにと、一生懸命に彼が前世の話をするのを抑えた。高価な玩具ばかりを要求され、少し気味の悪い前世の話を良くしていたのが主な理由だった。

前世を語る子供達は、たいていどの様な病気でどんな風に死んだか、その状況の事を話す。

しかし、シャンカーの話しがもし本当であれば相当にショキングなものであります。

イアン・スティーヴンソン博士が調査を実施した時すでに父親は亡くなっていたので、姉のマヘスワリらの証言によると次のようなものであった。

「前世の彼はノドを切られて殺され、土の中に埋められた。殺される前にグウヴァスを食べていた。川のそばへ連れて行かれて殺された」と言うのであった。そして犯人の名前まで挙げたうえ、自分の首の周りに付いている母班は前世でノドを切られる時についた傷跡なのだと繰り返し話していた。

実際彼には生まれた時から首に刀傷のような母班が付いていたのだった。シャンカーが自分を殺した犯人を指摘した時は、彼が五才になる少し前のある法事の席の事であった。読経のなか前に座っていた人々を見ていた彼は「あっ」と小さく声を上げ恐怖で体がガタガタと震え始めた。同席していた母親は、息子の急変に何事かと指差す方をみた。

「……あれ、……あれ、……あれがチャトウリなんだよ」

このような状況で彼は偶然自分を殺した犯人に出会ったわけである。それでは現実にこのような殺人事件は存在したのであろうか。

シャンカーが生まれる半年前、ムンナ殺人事件が起こっていた。ムンナの死体はむごたらしいさまで頭が切断されて、頭部だけが彼の衣類とともに川のそばで見つかった。そして、プラサド（シャンカーが前世の父親だったと話した人物）がその頭部と衣類を息子の物と確認して、事件が発覚したのであった。

①ムンナはシャンカーの話した通り床屋の一人息子であった。

②ムンナの母親の証言によると、殺される前グゥヴァスを食べていた。

③頭部を切断された姿で発見された。

④容疑者として彼が名指したチャトウリとジャワハールが逮捕された。

このような事実が見事に一致した。しかし犯人たちが自白したにも関わらず、正式な取り調べの段階で非公式自白を全面的に取り消した為と、確定的な証拠がなかった事から釈放され、事件は法律的には迷宮入となっていた。

さて、シャンカーが自分の前世を話し始めてから一年もたった頃、彼が前世の父親だと話していた床屋のプラサド（ムンナの父）と名乗る実在の人物が、グプタ家に尋ねてきた。噂が彼の耳にはいったようであった。

子供を取られることを恐れた父親は、最初はなかなかシャンカーに会わせようとはしなかった。その後、プラサドが最初に会った時、五十センチ程の所に立って静かに彼を見ていた。「可愛い坊や、こっちへおいで、名前はなんて名前？　おじさんを知っているかい？」なにも言わずに黙ったままなので二～三度同じ言葉を繰り返した。それでもシャンカーはなにも言わずに恥ずかしそうにしているだけで、まるで泣き出しそうだった。
その後「お父さん、ぼくはチバッティの学校でよく本を読んだ。ぼくの木の皿は戸棚のなかに入っている。以下略……」

この件に関し引用は長いので、手紙や母親の証言により、次のようなことが証明された事を箇条書にて示したいと思います。
①前世の父を見分けた。
②本を入れるバッグ、インクポットを持っていた。
③話の途中「それは僕の時計だね」とプラサドのしていた腕時計を見分けた。
④お父さんに買ってもらったリングも持っていた。それは机の中にある。
⑤伸縮バネのボール、玩具のピストル等も一人息子だったので買ってもらっていた。ムンナの死後も保存されシャンカーも尋ねて見ている。一つだけの食い違いは、「リングが机の中にある」と言う言葉だけだった。ムンナの母親によると「ムンナが死んだ時にはリングは机の中にはなかった」と後に証言している。(『前世を記憶する二十人の子供』イアン・スティーヴンソン編)
このような数々の事例を見るにつけ、転生再生は実在するに違いないとの確証を深くするものであります。

転生・再生の第一原因

何故転生が有り得るのか！　その原因は何処からいかなる理由によって起こるのか？　これらは人間の最大の疑問であります。次に『神智学大要』（A・E・パウエル編著）より実に明快な答を紹介しましょう。

魂をデヴァチャン（天界）に押し上げた動因、言い変えれば動力（複数）が枯渇し、収集した体験を全部同化しつくすと、魂は物質界でしか満足させ得ない感能的、物質生活に対する渇望を再び感じ始める。この渇望をヒンズー教徒はトリシュナーという。その意味は、第一に自分自身を表現したいという欲望。第二には外部からの印象（それだけが自分の生きている証であると彼は思っている）を受けたいという欲望である。

トリシュナー（前記の二つの欲望）こそが進化の法則である。トリシュナーはカルマによって作動する。カルマこそは個人にとっても宇宙にとっても再生の第一原因である。「アストラル体」より。

霊界において、現世での諸々の体験を省みて修正し尽くすと、魂は物質界（現世）における物質的な事、土地、お金、又は地位や名誉といったこの世限りである物を所有する満足感に対する憧れが湧いてくる。しかし、前世を無知のままに生活する中で作ってきたカルマ（因縁、原因）が作動する事によって、再度現世に於いて実際に修正する必要性が転生の要因となる。このことを意味しているようであります。

次ぎに、カルマの法則は人間生活にとって具体的にどのように働くのでしょうか。

カルマの一般法則（ケーシーの十六に渡るカルマにおける一般法則）

(1)カルマを単に否定的なものとみなしてはならない。カルマには、連続性と応報性という二つの面がある。

補足「連続性（魂の永遠性）、応報性（因果律、原因と結果の法則）」筆者

(2)連続性という面から見ると、宇宙的な理法、法則に反しない行動はその効果が継続する傾向がある。努力は決して無駄にはならない。

補足「プラスの要因はプラスの結果、マイナスはマイナスの結果で結実」筆者

(3)したがって、ある生涯で培った能力や才能は、その後引き続いて起こる生涯にも存続する傾向を有する。しかし、ほかにカルマ上の人生状況が働くと、それによってこの様な才能の発現が抑制される事もまま起こり得る。

補足「学力や芸術等一芸に秀でた人々は、今生の努力もさること乍、生まれ持った才能等と表現される事柄は、前世からのプラスの要因の引き継ぎを連想されます」筆者

⑷また、性格の特徴、興味、態度（宗教、人種問題、政治、セックス、動物に対する）なども、生まれ変わるたび毎に持ち越される傾向がある。内向性や外向性のような基本性格も、カルマ上の新しい要因が入り、バランスへの努力をしない限り、やはり継続する傾向を持っている。

⑸カルマの応報（因縁に応じて吉凶禍福の報いを受けること）について、マイナス作用を説明すれば、他の生命単位（個人や団体、動物までも含めて）の幸福に害を及ぼす所謂悪行は、与えた程度と性質に応じて正確な処罰を受ける。「因果応報。筆者」

⑹三種の応報のカルマ

①ブーメラン的応報―過去生で他人を盲にした人は、今生で自身が盲目になっている。

②生態的応報―ある生で暴飲暴食をした人は、次の生で消化器官の故障に悩む事がある。

③象徴的応報―過去生で他人が助力を懇願した時に「耳を貸さなかった」人は、今生で文字通り「耳の聞こえぬ」状態になる。

別の例で言えば、清教徒が魔女狩りをした時代に「魔女達」を冷たい水の中につける仕置きをしたある人は、今生で夜尿性に苦しんでいる。

⑺応報カルマは、肉体面でも心理面でも作用する。

⑻他人をあざけったり非難したりすれば、その報いは心理と肉体両面に出てくる。つまり、

他人を嘲笑や非難したその理由や対象そのものを自分の身に受けて苦しむ。（他人のどもりを馬鹿にすれば後生で自分が吃音になるような例）

(9)過去生で配偶者に不実を働けば、今生で自分の妻(又は夫)から同じ不貞の憂き目に遭う。

(10)ひどい孤独や孤立は、前世で自殺をした報いである事が多い。

(11)カルマの発芽は、時として何回もの生まれ変わりのあいだ抑えられる事がある（一種の執行猶予）。例えば、アトランティス時代に残虐な行為をした人が、その後五回か六回の生涯では、その「清算」を行なわないでいたが、今生でとうとう「むくい」にあったという例もある。

(12)カルマの執行猶予は次の三つの根本的理由によって必要と見られる。

①カルマの負債を弁済する為には、その時代の文化的要因がなければならない。

②実態（エンティティ、肉体を取り替えつつ進化してゆく人間の本体、魂。ケーシー用語の一つである。訳者注）は、自分のカルマを裁くのに足りる充分な内面能力を開発する必要がある。

③実態がカルマの「借り」を支払う為には、他の実態と適当な結びつきが成り立つ事が必要な場合があるので、弁済の相手もまたこの世に生を受ける時まで待たなければならない。

⒀心理上の異常性質の要因を過去生の経験に突き止める事が出来る場合がある。動物を怖がったり、水を恐れたりすることや、閉所恐怖症と呼ばれるものなどは、この様な恐怖の対象に関連のある恐ろしい経験（その為の死亡なども含めて）を前世で体験したのが原因である場合が時々発見される。同じ夢や幻想が繰り返し現われて来るのも、過去世の体験から来ている事例がある。

補足「米国のブライアン・L・ワイス医学博士の逆行催眠により、これらの原因が前世の体験としてたどり着いた時、その理由が明らかとなる為に、この様な症例が改善された事例が多く、すでに前世療法として実施されている」筆者

⒁精神病は時として、肉体を持たぬ実態（つまり、今地上に転生していない魂）に占有されたり、憑依されたりすることから起こる。

⒂どんな人の魂も自由意志を持っている。この意志を利己的な目的に、あるいは過度の官能的満足の為に悪用・誤用した場合のみ、生命のカルマの法則が働いて自由意志は抑制される。

⒃ある魂が生まれ変わってカルマの宿題を果たそうとする場合、自分にとって必要な遺伝形質を備えた肉体と環境とを与えてくれる両親に引きつけられる。この様な磁石的引力によって受胎と出生が起こる。

●無意識の中には、実態が全ての生に於いて経験したあらゆる人生内容の記録が含まれている。（『超能力の秘密』ジナ・サーミナラ著）

所謂アーカーシャ年代記（アカシック・レコード）、仏教では多宝塔がこれを指す事がある。

ケーシーの述べるカルマの一般法則の中で「三種の応報のカルマ」は、直接的で厳然とした因果の法則のままであります。科学的に申せば当然の論理でありますが、私はこれ程表面的ではないと考えております。結果的状況は同じでも当事者の内面の心は変化しているはずです。

つまりケーシーの主張では霊界における修業の課程が抜け落ちているからであります。死後直ちに霊界の存在が無いままに転生するならば、このような結果になるはずです。通常「魂」は、霊界における生活での修業を通して「心の次元の向上」を願い努力するはずです。

霊界に於いて時間的長短はあっても、いずれ魂が向上せねばならない環境におかれるからであります。その結果として例えば「前世で他人を盲人と成さしめた為に（カルマの法則）、現世では盲人となってしまった」との現実があったとしても、それは表面上のことであると考えます。

「霊界の修業の結果、この重大なる事件の反省に到達し自分自身が盲人としての苦難の人生を償いの体験とすべく」盲人として出生した。このような選択もあり得るからであります。

●「西武大蔵経北京版」平岡広一訳より

第三の界層において、輪廻する主体となるバルド（中有・肉体死から再生する中間の状態）の者が、胎蔵において生をうけ、息づく様子が記されています。

バルドの者が母の子宮に生を受ける為には、三つの必要条件を実現し、三つのあってはならない欠陥を離れなくてはならない。（必要条件はここでは略す）

㈠子宮の欠陥。

㈡種の欠陥。

㈢業の欠陥がある。

業の欠陥とは妊娠中の者が父母二人の子として生まれる業がなかった場合、あるいは、父母の二人がその中有の者の父母となるべき業がなかった場合である。

ここでの㈢はケーシーの言う磁石的引力（波動の導通）が起こらない場合と合致します。平岡氏解説の業とは、行為、行動。心の動きや言語を言い、この場面では心の動き、つまり本人や父母となる人の合意がなければ、親子となれない厳しい掟を言っているようでありま す。

時として例外的に直ちに同じ環境に転生するとした説もあります。

●『生まれ変わりの村』（森田健著　河出書房新社）

平成二十年七月出版のこの書では、中国のある村における調査の結果、前世を記憶している多くの村人がいた。しかしこれらの人々は、これまで私が提示したような「死に際しそれまでの人生のパノナマ」を見なかった。「自殺したら川を渡ったので地獄だと気付いた。しかし咎めも無く閻魔大王の裁きも無かった」「あの世では反省する場は無い」「死んで再生するまでの時間的期間が短い。しかも前に生活していた村の周辺への再生であり、元夫や子どもなどと再会している」等と全く相反する結果が多いと記載されています。

これらの報告に関する私の解釈は「パノラマも無かった、裁きも無い、反省の場も無い」等の証言は、出世時の掟として前世やあの世のことは全て内在される（忘れる）との説を勘案すれば、これらの事が起こり得る可能性はあると思われます。

また、自殺者は「自殺すると地獄に行く」と思っていたとの証言があり「各人が思った通りのままの状態であの世に移行する」との説に合致しています。再生への期間が短い（自分の両親や夫や妻の生存中）点は、「あまりにも魂の次元の低い者は即決裁判的に、これまでと同様の環境へ再度転生する。また、この村の住民は生まれ変わりを当然のように受け入れている為に、霊界での記憶や前世の親族を記憶している」との解釈が出来ます。

しかしこの本を詳細に見ると、全てが異なっている訳ではなく「あの世に行った」との証言は七八%と森田氏は記述し、「前世の性とは異なった性に生まれた」人も多く居ます。くしくも「あの世の存在を肯定し、輪廻転生もあり、男女への生まれ変わりの存在の証」ともなる貴重な調査結果でもあります。今後の調査を期待します。

さて次に前記のケーシーによるカルマの一般法則⒀には、憑依現象について述べられています。霊魂は、自分の苦しみや悲しみの現状から抜け出し、救出して欲しい為に意思表示を致します（出て示すの合体の漢字で祟りとも呼ばれています）。

地縛霊等は執着心や魂の次元が低い為に、自由に移動が出来ません。そこで通りすがりの人や、心霊に興味のある人物が通りかかると互いの心の波動が近い為に道通し、憑依して自分の欲望を満たそうとします。なかなか怖いものです。

悪質な霊に憑依されますと精神に異常をきたし、自殺に走る場合もあります。くれぐれも興味半分等で、呼びかけたり呼び込んだりは禁物です。指導者無しの「超能力開発法」等の本による実験も危険が多いので注意が必要でしょう。

ここで私の体験を述べてみたい。

憑依体験

●憑依体験その一

ある時、車を運転していると急に顔がカアーッとほてって来ました。丁度その時信号が赤になり、私は止まりました。「なんだなんだこれは」と思いながら鏡を見ると、顔が真っ赤になり目も見る間に充血して来ました。

「変だなあ、又霊のお客さん（死霊や生霊）かな」と思いながらそのまま走っていると、だんだんに元どおりになって来ました。

「体調が悪い訳ではなくこれはきっとなにかあるな」と思っていました。

次の日、新聞を見ていると、丁度私が異常を感じた交差点横の家に於ける自殺の記事が載っていました。私は「これは首吊り自殺だつたのだ」とピンときました。

偶然とはいえ現場の道路隔てた反対側が、私の知り合いだったので聞いてみました。

「新聞に載っていましたね」

「首吊り自殺みたいよ」との返事でした。

このように自分の現況と全く同じ状態を相手に作り、自分の事を理解させようと訴えるのです。たとえばこの親族が本物の霊能者に相談に行かれたとします。霊能者が真っ先にこの状態に自分の体がなるか、霊視する事が出来ます。

「あなたの身内に首吊り自殺した人がいらっしゃいますね」と解ってしまうのです。死者は自分を理解してもらう為に、自分の現状を死者の能力や霊的次元の範囲で相手に訴えるのです。ビデオのように映像で見せる者、同じ苦しみを与える者、テレパシーのように語りかける者（きわめて少ない）、それぞれ各人の能力差が有り統一はされていないようです。

この時、霊能者の次元が低いと、いつまでも離れず憑依されたままで寝込んでしまいます。相手の訴えを理解すれば、通常ではスット憑依は取れてしまいます。

霊能者も生半可で霊媒を勤めると大変危険な事にもなります。人間に憑依することで移動が自由になります。標的の霊体質者を通して飲み食いすら出来て、離れたがらないからです。本当はこの世の食べ物は飲み食い出来ないのに、そのつもりになれるからなのです。心が満足しなければ空腹や恐怖、痛み、欲望のままの精神状態が何時までも続きます。

神智学大要によると「人体にであれ動物体であれ、憑依することは物質的な物への執着を一時的に強め、その為にアストラル（震界・筆者注）生活へ自然に移行するのを遅らせ、そのうえ望ましからざるカルマの繋がりを造るから、憑依する魂自身にとっては、それは悪であり進化への障害となる」（パウエル編著より）。

●憑依体験その二

私が死後の世界や魂の永遠性が理解出来た以後の話です。床について眠るまでの間や、夜中になると突然一方的に、死の恐怖が私に襲ってくる事が起きるようになりました。

「ああー、死にたくない！　死にたくない、どうしよう！　どうしよう」と気が動転するような死の恐怖が次々と襲って来て、気も狂わんばかりの状態になってしまいます。死刑執行直前の囚人はこの様な心境ではないかと思います。居たたまれず、私は無意識に床を離れます。そして部屋をうろうろと歩き回り、階下の部屋に降りて行きます。このような気持ちが十分程度であろうと思いますが、全く普段の自分はいません。

この現象が起こるのは、外部からの霊的存在による働きかけであることが察知出来るようになりました。つまり強い意志の強制的導通や憑依現象です。それ以来「落ち着け、落ち着け、どうしたというのだ」と自分に言い聞かせます。やがて少しずつ自分を取り戻すと霊に呼びかけます。

「私に死の恐怖を訴えているあなた、これ以上私に近づいたり、一方的に通信を送ったり、憑依したりしてはいけません。死んで全てがおしまいになるのではないのです。死は肉体に起こるのであって魂は永遠です。とても死を怖がっていますが、あなたはもうすでに死んでしまっているのですよ。この事実を理解しなさい。死は怖くはないのです。魂は永遠です。早くこの事実を認識しなさい」と何回も何回も語りかけます。そうこうしている内に、やがて少しずつ私への死の恐怖はおさまっていきます。

これらの現象の理由はこうです。魂が自分の死の実態も理解出来ず、すでに死んでしまっているのに、死に対する恐怖を持ち続けていて、私に救いを求めていたのです。死んでも死に切れない事情のなかで死亡した人や、病気のため死の恐怖に取り憑かれたり、ノイローゼによる自殺、不幸な出来事に遭遇して殺された等の霊ではないでしょうか。

すでに死んでいるのにそれが自覚出来ず、何時までも死の恐怖にさいなまれる状態は、とても不幸なことです。

誰かにすがって救われたいと思っている、哀れな霊の悲痛な叫びであります。しかし、すがり頼られた私にとっては正直いい迷惑であります。「死んだら全てがおしまい」と思い込んでいる人々や、死後の世界や魂の永遠性を信じない現代の人々の不幸な出来事です。本当に憑依霊が離れなければ、私はノイローゼになって廃人同様か自殺したかも解りません。

死が怖いのに自殺するのは辻妻が合いませんが、あまりにも死の恐怖が強すぎる為に、一時も早く恐怖から逃れたい事や、同様の悪霊が近くに来て「死んじまえ!、死んじまえ!」と、そそのかすので発作的に自殺を実行するのです。

死んでも魂は存在し、肉体としての自分自身の体が見える為に「あれーっ、死んだはずなのにまだ生きている」と、何回も自殺をはかるのです。死んだら苦しみや悲しみ、痛みなどが無になるとの思い込みがある為に、永遠に自殺をはかります。この様な場所にノイローゼや自殺願望の人が居れば、同化して引き込むのです。

憑依とはこのように一方的に自分の思いを訴える為、また自分の欲望を満たそうとする為に、まさに肉体と精神に憑依する恐ろしい現象なのです。

しかし、一方的に誰にでも憑依するのではありません。「類は類を呼ぶ」の諺のように「死霊と同じレベルの心の波動や、人生観、物事の尺度や欲望を持っている人と、導通しやすい為に」憑依するのです。

ここで偶然、汽車に轢かれた多くの人達の地縛霊と遭遇したという、姫路市若葉町の川上照彦氏の話に耳を傾けてみましょう。

死後の真相

「私が川向かいの村に行って、夜の十二時頃の事でした。鉄道に沿った橋を渡って帰ってくると、橋の向こうから十名程の人影がやって来ます。その連中の格好がどうも変です。遠方から汽車の音が聞こえてくると、足をブルブル震わせて、まさに線路に飛び込みそうな格好をしています。私はテッキリ自殺者だと思って走りよりました。ところが何とそれは人間ではなく亡霊なんです。

その時、私は妙にゾッとした気持ちになって、私自身も線路に跳び込みたくて仕方がないような衝動にかられました。

これは精神感応ですね。あれでは霊的体質者がそこを通ったら、多分引き込まれてしまうでしょう。私がやっとそれに堪えていると、亡霊達は汽車が来ると線路に飛び込み、ギヤッと言うような妙な叫び声を上げました。そうすると手や足や胴体などの千切れたのが飛んで川の中に落ちるのでした。

それから私は妙に気が落ち着いてきて、もっと見学したい気になって、次の汽車が来るまで待っていました。すると例の亡霊達が出てくる。その中から、また死ねなかった……等と言う声が聞こえるのです。

自分が死んでいるのを知らないのですね。私は面白くなったので、夜明け近くまで見ていたのですが、汽車が来る度毎に同じ事を繰り返しているのです」（日本心霊科学協会刊より）。

この話は、死後の世界の存在を信じない人達や自殺者の、哀れな末路の典型と言えるでしょう。集団となっているのは同様の波動を持った死者達なので、自然と道通してお互いに引き寄せられたと見られます。彼等は数え切れない程の自殺を繰り返している内に、次第に疲れや馬鹿馬鹿しさや、一団の誰かに疑問が生じればそれをきっかけに事態は変わって行くでありましょう。

カルマ（業、因果応報）の法則

人生の生き方に最も重要な影響を与えるカルマについての諸説を紹介しましょう。

●A・E・パウエル

カルマこそは個人にとっても宇宙にとっても再生・生まれ変わりの第一原因である。

●釈迦

カルマの束縛は忠実な召使いのようなもので、全ての者に常に付きまとっている。カルマは時の流れようなものだ。絶えず人間を追いかけてくるその流れを、止める事は出来ない。カルマの蔓は長い。新しいけれど未だに古い果実で覆われている。

全ての者の素晴らしい道ずれだが、引っ張っても、つかんでも、引き裂いても、引き抜いても、捻じっても、こすっても、砕いても、決して取り去る事が出来ない。

●ジョセフ・ウィード

ほんの少しでも利己心を持って行動したり、見返りを求めて善行を行う限り、その報いを受ける為にこの世へと戻らなくてはならない。原因には結果があり、結果には成果がある。

欲望はこれを繋ぐ紐である。紐の一本一本の糸が燃え尽きて切れる時、その関係も終わり魂は自由になるであろう。

ウィードのいう「善行」の一つ布施について、大般涅槃経《だいはつねはん》では次のように述べております。「乞う者を見て与えるのは施しであるが、最上の施しとは言えない。心を開いて自ら進んで他人に施すのが最上の施しである。また、時々施すのも最上の施しではない。常に施すのが最上の施しである。施した後で悔いたり、施して誇りがましく思うのは、最上の施しではない。施して喜び、施した自分と施しを受けた人と、施した物と、この三つを忘れるのが最上の施しである」

●シュタイナー

カルマの法則によって、初めて人生は理解可能なものになる。カルマの法則は、たんなる理論的な法則ではない。また、たんに私たちの知識欲を満足させるだけのものでもない。カルマの法則は、不可解なものを理解可能なものにし、私たちが人生を生きる上での、行動の力と確かさを与える。

出生について

「なぜ、子供はさまざまな境遇の下に生まれるのか」という人生の大きな問にカルマの法則は答えを出す。ある子供は金持ちの家に生まれ、才能に恵まれ、愛情に包まれて育つ。別の子供は貧しい家に生まれ、才能もなく、たいした人生が送れないことが予定されているように見える。あるいは才能があっても、その才能を伸ばす機会が得られそうにない子供がいる。

これは人生の謎である。この謎に、神智学は答えを与える。力と希望をもって人生を生きる為に、人間はこの問に応えなければならない。この問に対してカルマの法則は、どのような答えを出すだろうか。

子供は初めて地上に誕生するのではない。子供はすでに何度も地上に生きて来たのである。外界に存在するものは、すべて原因と作用の関係の下にある。そのことは、誰もが認識している。自然の中に、大きな原因法則が支配している。この法則を精神世界に移したものが、カルマの法則なのである。

人間は一人一人が自我を持っている。この個体的な自我が、動物群の魂と同様の運命を体験する。動物の属全体が変化するように、個体的な自我が人生から人生へと変化していく。原因と作用が、人生から次の人生へと伝播していく。

私が今日体験するものは、かつての人生にその原因がある。私が今日行うことは、来世における私の運命を形成する。さまざまな境遇に生まれた原因は、今の人生の中には存在しない。今の境遇の原因が今の人生にあるということはない。原因は前世にあるのである。人間は自分の現在の運命を、前世で用意したのである。

「カルマの法則は人間を意気消沈させ、希望を取り上げるものではないか」と、言う人がいるかもしれない。カルマの法則は、人生に慰めを与える法則なのである。

「原因のないものはない」と言うのが真実であるように「作用を引き起こさないものはない」というのも真実だからである。

貧しい家庭

私が貧しい家庭に生まれ、才能も乏しかったとしても「ぼくが行うことは、作用を引き起こす。ぼくが勤勉に道徳的に努力すると、それは次の人生の歩のなかに確かな作用を及ぼす。自分の運命は自分が作り出したものだということが、ぼくを意気消沈させるかもしれないけれど、ぼくは未来の運命を自分で築くことが出来るということは、ぼくの精神を高揚させる」と、言うことが出来る。

カルマの法則

カルマの法則があるということは、我々は後の人生の為に有益な働きを成し遂げることが出来るということだ。私が人生で行った良いことは、すべて作用を引き起こす。私が行う悪事も、作用を引き起こす。人生の通帳があって、貸し借りが記入される。人間はいつも決算することが出来る。決算したら、それが私の運命になる。

良心と知識

良心とはなんなのだろうか。さまざまの受肉を通した経験の結果である。最高のものから最低のものまで、知識とは全て経験の成果である。知識は試みと経験の途上で生じたのである。倫理学、即ち思考についての教えが発生したのはアリストテレス以後だという。興味深い事実がある。正しい思考は昔からあったのではなく、ある時期から発生したのである。思考は発展しなければならなかった。正しい思考倫理も時代の流れの中で、誤った思考を観察する事から発生したのである。

知識は、多くの輪廻転生の中で獲得されたものである。長い試みの後、人類は知識の財宝を獲得した。ここに、カルマの法則の重要性がある。私たちは恒常的な習慣と性向を経験から形成する。良心のような性向は、エーテル体にも固着している。アストラル体がしばしばこれは良くないと納得することによって、その傾向がエーテル体の中に永続的な特徴として形成される。

行い

利己的な振る舞いと、愛に満ちた共同生活の中にも、興味深いカルマ的な関連が見られる。凝り固まった習慣的な利己主義と、利他的な愛に満ちた共感がある。どちらも、エーテル体及び物質体に表現される。

ある人生において、習慣的に利己主義的に行動した人は、次ぎの人生において早く老け、しわが多くなる。反対に、愛に満ちた献身的な人生を送った人は、次ぎの人生では、いつまでも若くフレッシュでいられる。

病気

ある人生における病気は、つぎの人生における肉体の美しさとして現われる。身体が病気を通して美へと高められ、来世で美しい外的な形姿になるか、あるいは、環境による感染によって病気になって、来世で美しい環境に恵まれるかである。美は、苦悩、苦痛、欠乏、病気からカルマ的に発展するのである。

驚くべき関連だが、実際そうなのである。苦悩、苦痛、病気なしには、世界に美は存在しない。同様のことが、人類の進化の歴史の中にも現われる。

人生におけるカルマ的な関連が素晴しいものであり、悪の問題、病気と苦痛の問題は、人類進化の偉大な内的関連を知ることなしには答えられない事がこれで洞察出来るだろう。

善と悪

カルマは自分の内に持っているのである。善と悪を、自分の内に持っているのである。人間は動物を自分の外に出した。それと同じように、人間は善と悪を世界に放出することになる。善は善良な人種を生じさせ、悪は邪悪な人種を分離する。このことは、ヨハネの黙示録にも書かれている。

進化と退廃

ここで魂の進化と人類の進化を区別しなければならない。ある魂が、退廃しつつある人種の中に受肉することがある。しかし、その魂が悪を行わなかったなら、その魂は再びその退化していく人種に受肉する必要はない。その魂は、上昇していく人種に受肉する。退化して行く人種には、ほかの魂が受肉する。内にあるものは、外に現われなくてはならない。カルマの結果が現われるなら、人間は常に高次に進化していく。

ここでカルマについて個々の問題を取り上げてみよう。

子供と病気

多くの人々が若くして、あるいは子供のうちに死ぬことは、どのようなカルマ的な関連があるのだろうか。神秘学によく知られた、次のような例がある。

前世においてその子は本当によい素質を持ち、人間社会の有能な一員だった。しかし、やや弱視だった。弱視のために正確に見ることが出来なかったので、その子の経験は特殊な色合いを帯びた。弱視でなかったら、全てをもっと良く成し遂げることが出来たはずだった。弱視の為に、才能を十分に発揮することが出来なかったのである。

もし良い視力を持っていたら、非常に大きいことを成し遂げていたはずなのである。その子は死に、その後間もなく良い目を持って生まれるが、数週間しか生きることが出来ない。しかしこの短い生を通して、いかに人は健康な目を得るかを、その子の構成要素は経験する。

自分に欠けたものを得るために短い人生を生き、前世を改めるのである。両親の悲しみは埋め合わされる。両親は、この子が前世を改める為の道具にならなければならなかったのである。

それでは死産には、どのようなカルマ的な関連が見い出せるだろうか。死産の場合、アストラル体は物質体とすでに結び付いており、エーテル体と物質体も正常に結び付いている。しかし、アストラル体は再び霊的世界に戻り、子供は死んで生まれる。しかし、なぜアストラル体が霊的世界に戻ってしまうのだろうか。

人間の高次の構成要素は、それぞれ肉体の器官に関連している。いかなる存在も細胞なしにエーテル体を持つことは出来ない。自我体が胎児に結び付くには、肉体の中に赤い温血が流れていなくてはならない。赤い血液を持つ動物は皆、かつて人間から分離されたものである。赤い血液の中で、人間のために自我状態が準備されたのである。

このことから、高次の体が物質体の中に居を定めるには、物質体の器官が正常な状態にならなくてはならない事が解る。ここで大事なのは「物質体は純粋に物質的な遺伝によって形成される」ということである。

精神的にも心理的にも似合いの夫婦であっても、体液の組成が正しくない場合がある。そういう場合には、ちゃんとした物質が形成されない。高次の体が結び付くことが出来ないような物質体が出来るのである。

たとえば、エーテル体は物質体と結び付く。そして、アストラル体が物質体を捕えなくてはならない。しかし、アストラル体が結びつくにふさわしい、正規の器官がないのである。それで、アストラル体は霊的世界に帰って行かねばならない。こうして肉体は残され、死産する。したがって死産は、物質的に良くない体液の混合によって精神的、心魂的な人間の萌芽にふさわしい器官を提供できないことによって生じるのである。これもカルマ的な関連である。肉体は高次の構成要素が結び付くことによってのみ、成長するのである。

それでは、どのようにしてカルマは埋め合わされるのだろうか。だれかがほかのだれかに、なにかをしたら、その二人の間でカルマの精算がなされなくてはならない。その為には、当事者が再び同じ時代に生きなければならない。どのような力によって、その二人は再び出会うことになるのだろうか。

悪事

ある人が悪いことをし、誰かがその害を被る。悪いことをした人は死後、まずその出来事を目のあたりに見るが、その時は自分が人に与えた苦痛を感じることはない。しかし、欲界に入って人生を逆にたどって行く時に、再びその出来事に遭遇する。今度は人に与えた苦しみを、自分が体験しなければならない。自分が苦痛を与えた人の自己の中に入って、その出来事を体験するのである。自分が苦痛を与えた人の感情を味わう。その感情はアストラル体の中に刻印される。

その苦痛から、何かを収穫として得る。ほかの人の中で体験したものの成果として、力がその人の中にとどまる。欲界で体験するその他の苦しみや喜びも力になる。そうして多くの力を持って神界に入って行くのである。その力は、再び地上に受肉した時に、かつて何かを共に体験した人々すべてを出会わせる力として働く。その人々は欲界期に、互いに相手の内面を生き、それらの人々との再会に導く力を自分の中に摂取する。その為に場合によっては、欲界で数人の人の内面を生きることがある。（『神智学大要2』より）

●ジョセフ・ウィード

カルマの法則の働きに於ける、原因と結果の表れ方

㈠志を抱いたり望んだりする事は才能となる。

㈡繰り返し考える事は性癖になる。

㈢成し遂げようとする意志は行動となる。

㈣体験を繰り返せば知恵となる。（『神秘学の大師の知恵』より）

●ソギャル・リンポチェ

転生の背後にある真理、転生をうながす力、それがカルマ（業）と呼ばれるものである。西洋ではカルマは運命や宿命と誤解されることが多いが、宇宙を支配する絶対に誤ることの無い因果律と考えるのが正しい。…中略…

カルマは、わたしたちが身体で、言葉で、心で行うことが、全てそれに応じた結果をもたらすということを意味しているのだ。

「たとえわずかな毒であっても、死をもたらすことがあり、たとえ小さな種であっても大樹に育つことがある」とは師たちの間で語り伝えられてきた言葉である。それをブッダはこういい表わす。

「悪行を、単にそれが些細なものというだけで見過ごしてはいけない。小さな火花一つで、山ほどある積みわらを焼尽くすことが出来るのだから。ささやかな善行を、それが恵をもたらすことはあるまいと、見過ごしてはいけない。小さな一滴の水のしずくも、やがては大きな器を満たすのだから」

カルマは外なる事物のように朽ち果てることもなければ、力を失うこともなく「時と、人と、水に」滅ぼされることもない。その力は熱しきるまでは決して消えることはない。

私達の行為の結果は、今だ熟していないかもしれない。だがいつか必ず、ふさわしい時と場所を得てそれは成熟する。…中略…

私達の行為の結果は遅れてやってくる。来世になることもある。そしてその原因の一つを特定することは出来ない。なぜなら、どんな出来事も、ともに熟した多くのカルマのきわめて複雑な複合体であるからだ。その為私達は、物事は「偶然」起こると考え全てが旨く行くと、それをただ「幸運」と呼ぶ。後略……。（『チベットの生と死の書』より）

●A・E・パウエル

デヴァチャン（天界）での休息中、魂は一応一切の苦痛や悲嘆から解放されたが、過去世において彼が犯した罪業は消滅したわけではなく、その作動が中止している状態にすぎない。新しい生まれ変わりに備えて、新しい低我（肉体、エーテル体、アストラル体、メンタル体）が形成され始めるや否や、過去世の非行傾向が目を吹きだす。

かくして魂は過去世の荷を背負わねばならない。過去世の苅り入れとして現われる胚種、あるいは種子ともいうべきものを仏教はスカンドハ（skandhas）という。

こうして欲望はその無数のスカンドハと共に、デヴァチャン（一時的天界）の門口で待ち構えており、魂はこのような状態の中から出直して新しく生まれ変わるのである。（『神智学大要・第二巻』より）

私たちが思い、行動した結果は確実に起こり、逃れることは出来ない。なんと宇宙の法則は万人に平等であることか！　胸のわだかまりがスッと降りるような気分になります。だがちょっと待ってほしい。自分だけを例外と思ってはいけません。知らず知らずのうちに私たちは悪を行っている可能性が多いのです。

人間にとって「良い原因は良い結果、悪い原因は悪い結果」とは、どのようなことを指しているのでしょうか。善悪の基準を次のように設定してみましょう。

今ここにコップの水があります。少しずつでも飲んでしまえば、当然水は少なくなります。現状の水量を数学的にゼロとし、飲むことをマイナスとすれば、注ぎ足すことはプラスとなります。

悪（飲む行為）を続ければマイナスは増え、善（水を注ぐ行為）を続ければプラスの要因が増えて、水も一杯になってきます。

このように、人間の行動や心の動きはエネルギーですから、数学の記号のようにプラス、マイナスのエネルギーと考えれば、カルマの法則が人間にも当てはまることが想定出来ます。

悪の心は人類にとってマイナスの面を持っています。ゆえに悪はマイナスエネルギーで、波動は荒く重たい性質を持っています。善は人類にとってプラスであり、プラスのエネルギーは軽く濃密で精妙と考えられます。一般的に心イコール心臓という概念があります。この事からかエジプトの死者の書では、「死後の世界の掟として、どうしても通らなければならない審判」があると記されています。そこでは審判を主宰するトトの神の手下、メスケネットによる審判が行われます。

エジプトの死者の書審判

「私の心臓は私の胸からポロリと転げ落ちて、メスケネットが持っている皿の上に乗ったのである。メスケネットは皿に乗せた心臓を持って、マアトトの部屋に入って行った。奥の部屋は実は裁き、審判の部屋であり、私の心臓はそこで秤にかけられるのだった。小さい覗窓から覗くと天秤のはかりがあり、一方の皿に私の心臓、もう一方の皿には、霊界の象徴「マアトトの羽毛」を乗せていた。

心臓は生きていた時の良心の象徴なのだ。羽毛の重さよりも重い罪を生前に行なつた者の心臓の場合は天秤が一方にかしぐ。(悪のエネルギーは重い)

天秤で計るのは豹頭の神、死者を霊界に導く使いの役のアヌビスなのだった。そして天秤の目盛を読むのは運命の神だ。そして罪重き心臓、という目盛になればその霊の運命は即座に断たれる。これが正義と真理の掟、マアトトの羽毛の裁きなのだ。以下略…

審判で死を宣告され、心臓を返してもらえなかった者は、まっさかさまにオシリスの霊からはるか下方の湖中に突き落とされて行ったのがあった。彼等は湖水の下のツアト（凶霊の国）に住むことになったものなのだ。（『死者の国』ウオリス・バッジ編纂、今村光一編訳）

閻魔大王の裁きと、三途の川に似た水が出て来ますが、なんと厳しい裁きでしょうか。現在でも心の象徴は心臓です。

心（霊魂）は精妙なエネルギー体であり、悪い負荷を帯びると波動は低く、鈍く重たく蓄積されているはずです。心臓は生きていた時の良心の象徴なのでしょう。つまり人間自身が自分で作り出しているのです。ここでは裁きの象徴として秤で査定されていますが、当然裁きは、自分が自身の生きて来た人生を裁いている事なのです。

心のエネルギーは波動、つまり振動数をもっています。自分を自身で裁くという事は次の様に考えられます。筆者はピアノ調律師ですので、音で説明してみましょう。

Aさんの心の波動（エネルギー）は仮定としてドの音一〇〇サイクルとしましょう。Bさんは二〇〇サイクルとしますと、Bさんは一オクターブ高いドの音の持主となります。当然同音と一緒ですから「ハモル」訳です。綺麗に導通して溶け合います。心(波動)はエネルギーですから（ものをなしえる能力を持っています）近くに同じ振動数を持った金属や木片があれば、共振して揺れ動く事となります。一〇〇サイクル、二〇〇サイクルが天国の振動数であるならば、AさんBさん共に天国へ、逆に地獄のサイクルであればそれぞれ地獄へと導通する事となります。自身の持っている心の波動が、導通する波動の世界へと移行するのです。

この現象が裁かれる事ではなく、自身が裁くことの意味あいとなります。

さて、死者の書で存在する湖水の下や三途の川の下は、地獄の世界のようです。なんと仏教で言われるところの三途の川の原理に、似ていることでしょうか。

死後の世界を信用せず、自己のエゴのままに生活をしたら、このような当然の裁きが待っていることを忘れてはいけません。(因果報応)

現世の見せかけの地位や名誉、財産で判断は出来ないのです。人を騙してでも優雅な生活が出来たとしても、たとえこの世で裁きがなくても、あの世に行ってもちゃんとそれ相応の裁きが準備されているのです。いつかは自分の生き方を思い知らされる日は来るのです。

まさに神は平等ではありませんか。いや神が裁くのではなく「自分が犯した罪や罪悪が、不調和な波動を作り、その波動の振動数に応じてそれぞれの世界に自動的に行く」のです。

自分の行った思いや行動が、そのまま結果を出すだけの事です。まさに自業自得です。

これが宇宙の真理であり、原因と結果（因果律）の法則です。

さあ、こうなるとカルマの法則は人間にとって大変な問題として降りかかってきます。エネルギー不滅の法則は人間にとっても、未来永劫に変わらないことになります。そうです、喜ばしいことです。悪業（原因）にはそれに比例した報い（結果）が必ず来るということです。たとえこの世ではなくとも必ず結果が現われるはずです。

さてそこで善悪のプラス、マイナスの基準は何処にあるのでしょう。私やあなたの一瞬一瞬の思ったこと、行動したこと全てにプラス、マイナスが積み重なっていることを忘れてはいけません。単純に考えれば、プラスを多くすれば良いことになります。次に心がプラス思考に向かって動いたら、必ずプラス方向の結果が生じる体験を述べましょう。

霊体験、霊の進化

私の祖母の話ですが、生前色々の事情があり、自分の長男を恨んで死んで行きました。田中さんに霊視してもらった所、狭く真っ暗な所に居るようです。そこで私が一週間ほど呼びかけ続けました。

「おばあちゃん、あの世に極楽浄土があると聞いているけど、あなたの住んで居る所は真っ暗な所のようですね。あなたは息子を恨んで死んで行きましたね。自分の息子ながら腹立たしい事も有ったでしょう。しかし恨みによって恨みが晴らされる事はありません。あなたの恨む心が真っ暗な世界なのです。だからその心に比例した真っ暗な地獄の世界に、あなたは行って居るのです。

あなたの息子さんが過ちを犯しているのでしたら、怒るのも無理有りませんが許してあげなさい。あなたのお腹を痛めたかわいい息子ではありませんか。悪い所だけでは無い筈です。我々人間は間違いを犯すものです。他人を許すことで、自分も知らず知らずのうちに犯した過ちも許されるのです。許すことが大切です」こう呼びかけました。その後また霊視してもらった所、すこし明るい所に居るようです。

「どうして明るい所にいるのですか？」田中さんを通して聞きました。

「色々考えたけど、おまえの言う通り自分の息子だし、私ももう死んでしまったことなので、怒っていてもしょうがないなあ、と思ったとたんに明るくなったんだよ」と理由を話してくれました。

ちょうどこの様な時期に、私の母が祖母の夢を見たそうです。

「〇〇、一人で淋しくないか？（母は五十九才で夫を亡くし当時八十才が近かった）私は良い所に住んでいるからこっちに来ないか」という夢だったそうです。

まだまだ天国とは程遠く、真っ暗から薄明りがついた程度の明るさのようですが、いかに嬉しかったかが理解出来るでしょう。思う、念じるという事は、心がエネルギーを発する事であります。プラスのエネルギー（物事を成し遂げる能力）はプラスの結果を生じさせるはずです。

「反省、間違いに気付く事、許すことで自分も許される」これが魂の修行の一つであり、霊界においても同様であることを学びました。魂の進化につながる好例です。カルマの法則は善にも悪にも同等に作用する、宇宙の法則ですから当然の事でありましょう。

死んだらおしまいではなく、本人が過ちに気付いて修正するまで、この世での心の状態の次元と同等の世界に移行し、そのまま留め置かれるのです。

しかし間違いに気付き修正したら、瞬間に許される事をも意味しています。南無阿彌陀仏と唱えても、反省の自覚がなければ意味がありません。

南無阿彌陀仏とは「ナーモ・アミー・ダボ」と言い、古代インド語を漢字に音訳した言葉で、「アミーと呼ばれる偉大な覚者の教えに帰依します」という意味のようです。

つまり「仏の教えを守ります」と唱えているわけです。教えを知っていても実行がなければ、空念仏で救われる筈はありません。間違いに気付き、正すことしか修正はないのですから実行のみです。

現世での間違いは、反省と自覚により意図的でない限り許されます。間違うことによって色々の体験と反省が生じ、魂の向上に繋がるからです。カルマは心や行動に比例して、増幅されたり中和されたりします。この様な体験の繰り返しが、死後の世界でも魂の向上に役立ち進化するのです。

●ソギャル・リンポチェは言う

「人間一人ひとりの個性の違い、その非常な、驚くべき違いを満足のゆくように真に説明するのもカルマである。同じ家に生まれても、同じ国に生まれても、似た環境に育っても、すべての人が異なった性格を持ち、まったく異なった出来事に出会い、異なった才能や性向や運命を持つのである。(この世に生まれ出た目的と使命が異なる為でもある。筆者)

ブッダが言ったように、今のあなたはかつてのあなたであり、未来のあなたはいまのあなたなのです。

さらに私は同様に述べたい。未来の自身を知りたければ、現在の自身の生き方を見なさい。今のあなたが未来の姿を写す鏡である。

●アラン・カーデック

人生の目的と使命は完成に到達する手段として、神の課し給うた必要な体験である。ある霊にとっては罪亡ぼしの意味を持ち、又ある霊には、これをもって使命を果たすことになる。

…中略…。

この誕生の為には又もう一つの目的がある。即ち、創造の事業に役割を果たせる霊になることこれである。

この目的に沿い、彼は誕生した世界の物質状況と調和した道具に相応したものとなる。又これを通じて、彼が神から任ぜられたその世界と結びつつ、彼固有の仕事を果たすことが出来るのである。

かくて、彼は一つの歯車の如く自己の役割をもって貢献し、他方では自分自身の進歩向上をも達成するのである。…中略…

霊は、初めは全て素朴で無知なものとして創られた。彼等は地上生活の苦難と闘争を通じて教訓を獲得するのである。

苦しみなくして、努力なくして、経験から得る功罪なくして、公正なる神も一つの霊といえど幸福ならしめることが出来ようか」（『霊の書』潮文社）

●神智学（セカソフィア）とは
神々のもち給う知識である。それは決して憶測でもなければ学説でもなく、また人間の知恵が創り出した神学や数学でもない。

それは宇宙の生成と両者の関係等の全事実に関する体系である。言いかえれば神々より啓示され、かつ不可視の世界より人類を霊導される高位の存在方、みずからが直接体験によって直知された宇宙生成学と人間生成学とである。故にそれは信仰ではなく、信仰の次元を超えた知識である。

●アニー・ベサント

人間を知ることは神を知る事である。神を知る事は人間を知ることとである。宇宙を研究することは、神と人間とについて学ぶこととである。

なぜならば、宇宙は神の想念の表現《あらわれ》であり、人間の中に投影しているからである。もしも真我が解脱を欲し、自己の正体が真我のみであることを知りたいのであれば、知識が必要である。

●人間が目指すべきこと

魂は何処から来て何処へ行くのでしょうか。自分は何者なのか、何の目的でこの世のこの場所、この家族、この環境に生まれたのか。人間一人一人が考え、自分なりの疑問と答えとを見つけ実践しなければなりません。

宗教の教団に入る事でも、信心深くなる事でもありません。釈迦の示す八正道に則り、常に中道の心からはずれないような、日常生活の努力の中で発見出来るのです。各個人の目的に対する手段は異なっていても、最終目標や目的は皆一緒であると思います。
私は以下のように感じています。
・この世は魂の向上の為の修行の場である事。
・前世よりもこの世で一歩でも魂の次元が前進する事。
・修行の場は各個人にとって最適の環境を自ら選んでいる事。
・この人生での修行の手投は各自全てが同一ではない事。（教育環境や職業）
・現在この世の万物万象は修行の為の同期生ではあっても、各自の魂の次元が違う事。それ故この世での各人の目的と使命が異なっている。
・魂（心）を磨き神仏の境地に近づく事、この世にユートピアを具現化するよう努力する事。
これらの事柄が我々の人生の目的と使命であり、これらを実現させる為には「輪廻転生」が必然の役割を果たすこととなるでしょう。

終　章

これまで厳粛で不可避のカルマと輪廻転生、つまり「生まれ変わりの秘密」の実態を検証する程にその実態の凄さにただ、たじろぐばかりであります。

輪廻転生する人間の人生に於いては、悪しきカルマを作らない生き方、過去に作ったカルマの借りを返す事が最大の目的のように思われます。人間の心に渦巻く「地位、名誉、財産」に対する執着、これらを煽る自尊心や自負心、見栄や優越感等の全てが悪しきカルマへと直結しております。

これらのカルマを作らない方策を提示する義務が筆者に課せられているようであります。カルマを作る要因となるものは、全て心より発生しております。つまり肉体的な条件反射の動き以外は心の発動に起因しております。つまり心を正す以外にないようであります。

心を制御するには仏陀の教え（仏教の各種宗派の教えではなく）が最も適切で理解し易いように思います。宗教の聖典によっては、次のように解釈が如何様にも受け取れます。

ルカによる福音書六章二〇節では「あなたがた貧しい人達は幸いだ。神の国はあなたがたのものである」とあります。この教えを盾に、あなたは財産に固守する事無く教団へ寄進することで幸せになります、などと解釈する教団があるとすれば全く曲解の極みでありましょう。

心や財産が貧しいのではなく、物質的なものに貪欲でない人々と解釈すべきでしょう。財産をもたず、金銭や財産を寄進すれば天国にいけるなどとすり替えられては困ります。

そして、ハンムラビ法典の刑罰に「目には目を、歯には歯を」の一節があります。その一九五条に「子がその父を打った時は、その手を切られる」二〇五条に「奴隷が自由民の頬をなぐれば耳を切り取られる」等の条文があります。

相手に与えた損害相当分の罪を、己自身が受けなければならない、との解釈でありましょう。しかし、「やられたらやりかえすのがあたりまえ」という微妙なニュアンスの違う解釈もされています。

宗教は人類にとっては大切な物でもありますが、時代を経るに従って解釈や文章の書き変えや翻訳での違いが表れて来ました。又教団によっては解釈が異なる為に多くの宗派が成立しました。宗教は、この世の戦争や人類の共存など全く解決してくれません。ましてや宗教が争いの元と成り果てています。聖典に全託するのではなく、自身で注意深く真理を探すことが大切に思われます。

このような事から誤解を生みにくい表現で、仏陀の教えとされる言葉を各種仏典より引用し、我々の心の範となし私の解答と致します。

仏陀の聖典より

『迷いも悟りも心から現われ、全ての物は心によって作られる。ちょうど手品師が色々な物を自由に現すようなものである』（楞伽《りょうが》経）
『人の心の変化には限りがなく、その働きにも限りが無い。汚れた心からは汚れた世界が現われ、清らかな心からは清らかな世界が現われるから、外界の変化にも限りが無い』（華厳経第二、盧舎那《るしゃな》仏品《ぶっぽん》）
『絵は絵師によって描かれ、外界は心によって作られる。仏の作る世界は煩悩を離れて清らかであり、人の作る世界は煩悩によって汚れている。
心は巧みな絵師のように、さまざまな世界を描き出す。この世の中で心の働きによって作り出されないものは何一つ無い。心のように仏もそうであり、仏のように他の人々もそうである。だから、全てのものを描き出すということにおいて、心と仏と他の人々と、この三つのものに差別は無い』（華厳経第十六、夜摩天宮品）

『全ての物は、心から起こると仏は正しく知っている。だから、このように知る人は真実の仏を見ることになる。

ところが、この心は常に恐れ悲しみ悩んでいる。すでに起こった事を恐れ、まだ起こらない事をも恐れている。なぜなら、この心の中に無明と病的な愛着とがあるからである』

『この貪《むさぼ》りの心から迷いの世界が生まれ、迷いの世界のさまざまな因縁も、要約すればみな心そのものの中にある』（華厳経第二十二、十地品）

『すべての人々は、常によこしまな思いを起こして、愚かさのために正しく見る事が出来なくなり、自我にとらわれて間違った行いをし、その結果迷いの身を生ずる事になる』

『業を田として心を種とし、無明の土に覆われ、貪愛《とんあい》の雨でうるおい、自我の水をそそぎ、よこしまな見方を増して、この迷いを生み出している』（業とは本来行為であるが、因果関係と結合して行為のもたらす結果としての潜在的な力）

『だから、結局のところ、憂いと悲しみと、苦しみと悩みのある迷いの世界を生み出すのは、この心である』

『迷いのこの世は、ただこの心から現われた心の影にほかならず、憤りの世界もまた、この心から現われる』（華厳経）

『計《はか》らいの心は欲から起こり、自分の都合をはからう心であり、縁に触れて起こる心であって、真実の本体の無い移り変わる心である。この心を、実体のある心と思うところに、迷いが起こる。生も死もただ心から起こるのであるから、迷いの生死にかかわる心が滅びると、迷いの生死は尽きる』

『全ての人々には、清浄《しょうじょう》の本心がある。それが外の因縁によって起こる迷いの塵の為に覆われている。しかし、あくまでも迷いの心は客であって主ではない。だから、人は浮動する塵のような迷いの心を自分の本性と思ってはならない。

人の心の迷いや汚れは、欲とその変化する外界の縁に触れて起こるものである。この縁の来ること去ることに関係なく、永久に動かず滅びない心、これが人の心の本体であってまた主である』

『迷いの世界はこの心から起こり、迷いの心で見るので迷いの世界となる。心を離れて迷いの世界が無いと知れば、汚れを離れて悟りを得るであろう』（楞伽《りょうが》経）

『このように、この世界は心に導かれ、心に引きずられ、心の支配を受けている。迷いの心によって悩みに満ちた世界が現われる』

『全ての物はみな心を先とし、心を主《あるじ》とし心から成っている。汚れた心でものを言い、また身で行うと苦しみがその人に従うのは、ちょうど牽《ひ》く牛に車が従うようなものである』（法句経）

『しかし、もし善い心でものを言い、また身で行うと楽しみがその人に従うのは、ちょうど影が形に添うようなものである。悪い行いをする人は、この世では悪い事をしたと苦しみ、後の世ではその悪い報いを受けてますます苦しむ』(因果応報)

『この心が濁るとその道は平らでなくなり、その為に倒れなければならない。また心が清らかであるならば、その道は平らになり安らかになる』(首楞《しゅりょう》厳経《ごん》)

『人々の憂い、悲しみ、苦しみ、悶えはどうして起こるのか。つまりそれは、人に執着があるからである。富に執着し、名誉利欲に執着し、悦楽に執着する。この執着から苦しみ悩みが生まれる』

『初めから、この世界には色々の災いがあり、そのうえ、老いと病と死とを避けることが出来ないから、悲しみや苦しみがある。しかし、それらもつきつめてみれば、執着があるから、悲しみや苦しみとなるのであり、執着を離れさえすれば全ての悩み苦しみは跡形もなく消えうせる。

さらにこの執着を押しつめてみると、人々の心のうちに無明《むみょう》と貪愛《とんあい》とが見い出される。無明は移り変わる者のすがたに眼が開けず、因果の道理に暗いことである。貪愛とは、得る事の出来ないものを貪《むさぼ》って、執着し愛着することである』

『もともと、ものに差別はないのに差別を認めるのは、この無明と貪愛との働きである。もともと、ものに差別はないのに善悪を見るのは、この無明と貪愛との働きである』
『富める人は、田があれば田を憂え、家があれば家を憂え、全て存在するものに執着して憂いを重ねる。あるいは災いにあい、困難に出会い、奪われ焼かれてなくなると、苦しみ悩んで命までも失うようになる。しかも死への道は一人で歩み誰も付き従う者はない』
『貧しいものは、常に足らないことに苦しみ、家を欲しがり、田を欲しがり、この欲しい欲しいの思いに焼かれて、心身共に疲れ果ててしまう。このために命を全うすることが出来ずに、中途で死ぬようなこともある』
『全ての世界が敵対するかのように見え、死出の旅路は、ただ一人だけで遥か遠くに行かなければならない』(無量寿経下巻)
『人々は欲の火の燃えるままに、華やかな名声を求める。それはちょうど香が薫りつつおのずからを焼いて消えて行くようなものである。いたずらに名声を求め名誉を貪って、道を求めることを知らないならば、身は危うく、心は悔いにさいなまれるであろう』
『名誉と財産と色香とを貪り求める事は、丁度子供が刃に塗られた密を舐《な》めるようなものである。甘さを味わっている内に、舌を切る危険をおかす事になる』
『貪りと怒りと愚かさという三つの毒に満ちている自分自身の心を信じてはならない。自分の心を欲《ほ》しいままにしてはならない。心をおさえ欲のままに走らないように勤めなければな

らない』（四十二章経）

『心よ、おまえが全ての物はみな実体がなく移り変わると知って、執着することなく、何ものも我が物と思うことがなく、貪り、瞋《いか》り、愚かさを離れさえすれば安らかになるのである』（パーリー、長老偈註《げっちゅう》）

『この人間世界は苦しみに満ちている。生も苦しみであり、老いも病も死も皆苦しみである。怨みある者と会わなければならないことも、愛するものと別れなければならないことも、また求めて得られない事も苦しみである。まことに、執着を離れない人生は全て苦しみである。これを苦しみの真理（苦諦《くたい》）という。

この人生の苦しみがどうして起こるかと言うと、それは人間の心につきまとう煩悩《ぼんのう》から起こる事は疑いない。その煩悩を突き詰めていけば、生まれつき備わっている激しい欲望に根ざしている事が分かる。このような欲望は、生に対す激しい執着を元としていて、見るもの聞くものを欲しがる欲望となる。また転じて、死をさえ願うようにもなる。これを苦しみの原因（集諦《じったい》）という。

この煩悩の根本を残りなく滅ぼし尽くし、全ての執着を離れれば人間の苦しみもなくなる。これが苦しみを滅ぼす真理（滅諦《めったい》）という。

※煩悩―悟りを妨げる人間の精神作用。その根元は我欲、我執であり、貪り、怒り、愚か

さである。

八正道

「この苦しみを滅ぼし尽くした境地に入るには、八つの正しい道（八正道）を修めなければならない。

①正しい見解②正しい思い③正しい言葉④正しい行い⑤正しい生活⑥正しい努力⑦正しい記憶⑧正しい心の統一である。

これらの八つは欲望を滅ぼす為の正しい道の真理（道諦《どうたい》）といわれる。これらの真理を人はしっかりと身に付けなければならない。というのは、この世は苦しみに満ちていて、この苦しみから逃れようとする者は誰でも煩悩を断ち切らなければならないからである。悟りはこの八つの正しい道によってのみ達し得られる。（パーリー十二転法輪経）

『人々は本来備わっている悟りの仏性にそむいて、煩悩の塵にとらわれ、物の善し悪しの姿に心を縛られて不自由を嘆いている。

なぜ、人々は本来悟りの心を備えていながら、このように偽りを生み、仏性の光を隠し迷いの巷にさまよっているのであろうか。

悟りに達しようとして達せられないからと言って苦しむのは愚かであり、また必要の無い事である。悟りの中に迷いは無いのであるが、限りない長い時間に外の塵に動かされて妄想を描き、その妄想によって迷いの世界を作り出しているのである。だから、妄想がやめば悟りはおのずと返ってきて、悟りのほかに妄想があるのではないとわかるようになる。

この仏性は尽きる事が無い。たとえ畜生に生まれ、餓鬼となって苦しみ、地獄に落ちてもこの仏性は絶える事が無い

『汚い体の中にも、汚れた煩悩の底にも仏性はその光を包み覆われている。どんな人でも仏の智慧《ちえ》の備わらない者は無いから、仏は人々を見通して、素晴らしい事だ、人々はみな仏の智慧と功徳とを備えている、とほめたたえる』（華厳経第三十二、如来性起品）

『しかも、人々は愚かさに覆われて、物事をさかさまに見、己の仏性を見ることが出来ないから、仏は人々に教えて、その妄想を離れさせ、本来、仏と違わないものである事を知らせる』（大般涅槃経）

『仏性はあっても、修めなければ現われず、現われなければ道を成し遂げたのではない。死によって失われず、煩悩の中にあっても汚れず、しかも永遠に滅びる事の無い仏性を見つけることは、仏と法によるものの他は出来得ないのである。（法、経、律、論の三蔵）

人々はみな仏性を備えているのに、どうして貴賤・貧富という差別があり、殺したり、殺されたり、欺かれたりするような厭《いと》わしい事が起こるのであろうか。

仏性はあっても、貪《むさぼ》りと瞋《いか》りと愚かさの為に覆われ、業と報いとに縛られて、それぞれの迷いの境遇を受けるのである。しかし、仏性は実際には失われても破壊されてもおらず、迷いを取り除けば再び見い出されるものである』

『黄金の粗金を溶かして、そのかすを去り練り上げると尊い黄金になる。心の粗金を溶かして煩悩のかすを取り去ると、どんな人でも皆全て同一の仏性を開き表すことが出来る』

仏陀の最後の教え

『わが身を見ては、その汚れを思って貪らず、苦しみも楽しみも共に苦しみの因《もと》であると思ってふけらず、わが心を観ては、その中に「我」はないと思い、それらに迷ってはならない。そうすれば、すべての苦しみを断つことが出来る。わたしがこの世を去った後も、このように教えを守るならば、これこそ私のまことの弟子である』

『弟子たちよ、これまでおまえたちの為に説いた私の教えは、常に聞き、常に考え、常に修めて捨ててはならない。

もし教えのとおりに行うなら、常に幸いに満たされるであろう』

『教えの要は心を修めることにある。だから欲を抑えて己に克つ事に努めなければならない。

身を正し、心を正し、言葉をまことあるものにしなければならない。

貪ることをやめ、怒りをなくし、悪を遠ざけ、常に無常を忘れてはならない』
『もし心が邪悪に引かれ、欲にとらわれようとするなら、これを抑えなければならない。心に従わず、心の主《あるじ》となれ』（長阿含《ちょうあごん》経第二遊行経）
『心は人を仏（悟れるもの）にし、また畜生にする。
迷って鬼となり、悟って仏と成るのも、みなこの心のしわざである。
だから、よく心を正しくし、道にはずれないよう努めるがよい』
『弟子たちよ、おまえたちはこの教えのもとに、相和《あいわ》し、相敬《あいうやま》い、争いを起こしてはならない。
水と乳とのように和合せよ。水と油のようにはじきあってはならない』
『共に私の教えを守り、共に学び、共に修め、励ましあって、道の楽しみを共にせよ。
つまらないことに心を使い、無駄なことに時をついやさず、憤りの花を摘み、道の果《このみ》を取るがよい』
『弟子たちよ、私は自らこの教えを悟り、おまえたちの為に、この教えを説いた。
おまえたちは良くこれを守って、ことごとくこの教えに従って行わなければならない。
だから、この教えの通りに行わない者は、私に会っていながら私に会わず、私と一緒にいながら私から遠く離れている。
また、この教えの通りに行う者は、たとえ私から遠く離れていても私と一緒にいる』

『弟子たちよ、私の終わりはすでに近い。別離も遠いことではない。しかし、いたずらに悲しんではならない。世は無常であり、生まれて死なない者はない。今わたしの身が朽ちた車のように壊れるのも、この無常の道理を身を持って示すのである。いたずらに悲しむことをやめて、この無常の道理に気がつき、人の世の真実の姿に眼を覚まさなければならない。変わるものを変わらせまいとするのは無理な願いである』

『煩悩の賊は、常におまえたちの隙をうかがって倒そうとしている。もしおまえたちの部屋に毒蛇が住んでいるのなら、その毒蛇を追い出さない限り、落ちついてその部屋で眠ることは出来ないであろう。煩悩の賊は追わなければならない。煩悩の蛇は出さなければならない。

おまえたちは慎んでその心を守るがよい』（煩悩―悟りの実現を妨げる人間の欲望の精神作用）（遺教経）

『弟子たちよ、今は私の最後の時である。

しかし、この死は肉体の死であることを忘れてはならない。

肉体は父母より生まれ、食によって保たれるのであるから、病み、傷つき、壊れることはやむを得ない。仏の本質は肉体ではない。悟りである。肉体はここに滅びても、悟りは永遠に法と道とに生きている。

だから、私の肉体を見る者が私を見るのではなく、私の教えを知る者こそわたしを見る。私の亡き後は、私の説き遺《のこ》した法がおまえたちの師である。この法を保ち続けて私に使えるようにするがよい』

『弟子たちよ、私はこの人生の後半四十五年間において、説くべきものは全て説き終わり、なすべきことは全てなし終わった。

私にはもはや秘密はない。内もなく、外もなく、全てみな完全に説きあかし終わった』

『弟子たちよ、今や私は最後である。

私は今より涅槃《ねはん》に入るであろう。これが私の最後の教誡《きょうかい》である』（長阿含経第二遊行経）

『仏の慈悲をただこの世一生だけのことと思ってはならない。

それは久しい間のことである。

人々が生まれ変わり、死に変わりして、迷いを重ねてきた、その初めから今日まで続いている』（法華経第十六寿量品）

※涅槃―梵語のニルバーナの漢音写で吹き消すの意から、欲望を吹き消した悟りの世界。

問答集

『因果の法則が物理現象同様にきっちりと結果が表われるとすれば、自分の思う事や一挙手一投足が常に監視されているようでとても窮屈な人生に思われます。自由な発想や行動は許されないのでしょうか』

神（宇宙の法則・意識）は人間に善であろうが悪であろうが全ての自由を与えています。更に物事の全てに干渉や強制はしません。人間に全てを任せているが故に救いもなければ罰も与えない」と私は考えています。

「神よ仏よお助けください！」と祈ることや、教団へのお布施等をする者が救われるとのご利益が謳い文句の一つである宗教もあります。他人に対する思いやりの念じる祈り以外のお願いやお布施で、救い上げる神仏など有り得るはずがありません。しかし、進退窮まった時の人間は弱い者です。正常な判断は出来ません。この悲しき人々を救う宗教者が邪念を吹き込み利益を得るなど話にもなりません。マイナスの行為にマイナスの、プラスにはプラスの結果が発生するという物理現象のみで、神仏の救済や罰ではないはずです。

一寸先は闇の中で、もがきつつ人生修行の場を生きている人間が過ちを犯しても何等不思議ではありません。過ちの結果を知る事により正しい認識と規範が生まれるでしょう。過ちを検証すれば人生の指針となることもあります。

地球上の万物の運命共同体の一員である人間は、その共同体に対して端的に言えば「善であるか悪であるか」がカルマに反映されます。善の行為や思いはプラス、悪はマイナスのエネルギーとなって作用反作用を起こすでしょう。我々は常に悪の行為や思いを持つとは限りません。もし悪であったと感じれば反省という思いが中和剤となりましょう。

単純に悪よりも善を少しでも多く行えば結果的にはマイナスが少なくなります。原因の取り消しや消滅は出来ませんが、結果の表われる前や喩え結果が表われても修正が出来ます。最終的にプラスが多くなれば結果良しではないでしょうか。

お料理で塩が多かったら砂糖を入れて「調和（中和）させれば」こくが出て美味しさが倍増する理屈と同様に受け止めましょう。過ちを糧とすれば成功への道標となります。何事も起こらない人生は無意味と思いませんか。

人生の中で色々の体験をすることが目的ですから、失敗を恐れず挑戦しましょう。

『カルマを作らない生き方とは』

日々生活をしていることが即カルマに繋がります。「因果の法則がなくなれば全てが何事も起こり得ない」事となります。宇宙そのものも存在していません。通常日本ではカルマとか因果といえば悪い事柄と思われています。良い因果もあるわけですから良い結果も生じるわけです。

「人生の使命は魂の向上にある」と言っても過言ではないでしょう。その理由は魂が欲するからとしか考えようがありません。

例えば「酸は物質を溶かす作用」が有ります。それぞれの性質や個性としか言いようがありませんが、この性質は溶けては困る物に対して悪であり、溶解を望む物質については溶かす能力が善となります。カルマは恐ろしい結果だけを意味するのではなく、善にも働くことを考えればいかがでしょうか。

カルマの法則により輪廻転生が誘発（自己決定も含む）されます。因果の法則によってこの輪廻転生が起こり、マイナスもプラスに変えるチャンスも生まれて来る訳ですから、人間の魂の成長には必要不可欠の現象であります。プラスのエネルギーを多く蓄えましょう。逃れられない法則ではありますが、人間の成長にとっては有り難い事象でもあります。

『悪い事が起これば「それは先祖の悪因縁が影響を及ぼしている」などと言われますが、因果の法則の結果でしょうか』

胡散臭い占い師や偽霊能者なら言いそうなことです。霊障とお払いがセットならば笑止千万です。

原因となる元凶を起こした本人ではなく、何故親族である子孫に影響が及ぶのか根拠がありません。殺人犯本人に罰則の判決が与えられるのは当然で、その親族に罰則が与えられないのと同様です。あえて言えば、前例同様に傍迷惑ながら親族も恨みをこうむる程度の影響はあるかもしれません。しかし、他人の罪悪が降りかかる物理学の法則は有り得ません。親族であるからと言ってカルマの法則が起こる事はありません。もし先祖の霊が地獄界で苦しんでいるならば「今苦しんでいる原因はあなた自身の悪い行動や悪想念が原因であるから、自分自身を深く反省しその心を想念に載せて相手に謝罪し償う意外に苦しみは終わらない」と心をこめて教えてあげることが最良でしょう。お金目的の念仏やお払いなど何の役にも立ちません。それ相応のカルマを自分が背負い込む羽目に陥るでしょう。

『前世のカルマのせいで「過酷な人生や障害者として」の人生があるのでしょうか』

エドガー・ケイシーの説と因果の法則に則るならば、このような状態は当然の結果でありましょう。先章で記したように、死亡即再生ならば法則通りでありますが、圧倒的に再生までにあの世と言う次元での生活（修業）の場が存在します。

あの世では、再生するまでに前世を振り返り検証する場があり、その結論に則り再生する国、人種、親子関係を選んで誕生します。その結論の選択肢の中に「赤貧に耐える人生を送る」「最も過酷な障害者の人生を送る」などと幾多の選択肢が考えられます。

まずは前世の借りを返し清算する人生もあれば、挑戦する人生もありましょう。それらを乗り越えた時の充実感と幸福感を知っているからこそ挑戦が出来るのです。

例えば障害者の母親となった場合、一見「なんとこの子に申し訳ない人生を送らせることとなったのか」と懺悔の人生のみのようでありますが、一方の子供にとっては「過酷な自分の人生を選択した」のであり、母親には「与え続けるのみの無私の愛」を体験させるお手伝いの人生である可能性もあります。又お互いの了解の下に選んだ人生かもしれません。カルマの結果だけとは限らない場合も有りましょう。

このように大変複雑な選択肢もありますので、外見のみでは判断出来ない複雑な人生の修行の妙があります。大富豪の子供に生まれたことのみで、優雅で安定ある生活が出来る人生もあります。前世でのご褒美としての出生であるかもしれませんが、金に物言わせることや努力の結果得る喜びを知ることもなく、マイナスの要素を冒す危険性もはらんでいます。裕福と言う環境がこのように良いことだけではありません。

様々な複雑な人生模様をカルマの法則のみで解釈して良いのでしょうか。次の人生までのあの世の存在を考えれば、決して現世のプラス、マイナスがそのまま来世にストレートに反映されるわけではなさそうです。

世界中の人間がそれぞれ異なった人生を送ることから、人口の数だけ異なった人生を選んで出生するでしょう。それぞれの人生の目的と使命が異なるから当然でありましょう。

『カルマに縛られた運命は変えられないのでしょうか』

神（宇宙の法則・意志）は人間に全くの自由を与えているのですから、自分の意志で決定した運命であっても途中で変えることは可能でしょう。方法論は幾つも存在しているからです。

カルマ自体が原因によって発生するのですから、原因や結果に対する処方箋を実施すれば、その処方箋通りの結果が結実することになりますので結果は変わってきます。

原因に対する結果を運命とするならば、あなたの新たな方法一つで良くも悪くも運命と言う結果は変わって行くでしょう。

華厳経では運命について次のように述べています。「もしも、全てが運命によって定まっているならば、この世においては善いことをするのも、悪いことをするのも皆運命であり幸・不幸も全て運命となって、運命のほかには何も存在しないことになる。したがって人々はこれをしなければならない、これはしてはならない、と言う希望も努力もなくなり、世の中の進歩も改良もないことになる」と述べています。

『キリストは輪廻転生を説いていませんが、どのような理由があるのでしょうか』

仏教の用いる仏典、キリスト教の聖書いずれも直接本人が執筆をしていません。仏教では釈尊亡き後、その弟子達がそれぞれ自分の耳で聞いた釈尊の教えを人々に伝えていたようであります。各人の聞き違いや解釈の違い、思い込み等が多くあったであろう事は想像出来ます。当時もこれらの危惧から「釈尊の言葉は常に正確に伝えなければならない」として、大勢の長老、比丘《びく》達が集まり、各自が聞いた教えが間違っていないかどうか整理を行い、数ヶ月にも渡って討議されました。これらは結集《けつじゅう》と呼ばれています。こうして整理された教えは、やがて文字によって記録されました。後世の高僧達によって注訳や解釈が加えられました。すでにこの時点で民衆に直接語り聞かせた釈尊の教えは、微妙なニュアンスの違いが発生していてもおかしくはないと私は考えています。しかし一言一句が正確さを欠いても、全く異なる解釈となったとは思いません。

一方聖書に於いては、西義之東大名誉教授によると、『聖書でのマリアの処女懐胎記述はマタイ伝だけであって、「マルコ伝」「ヨハネ伝」「ルカ伝」では処女出産については何も記されていません。キリスト教がローマ国教となってからマリア崇拝が起こり、一八五四年ピウス九世によって「汚れなき懐胎」とされた』とあります。

初期キリスト教時代には、オリゲン、アレキサンドラのクレメンテ、聖ジエロームなどの教会指導者は、輪廻転生を信じていました。十二世紀になって、イタリアと南フランスにいたカタリ派の人々は、輪廻転生を信じたために、異端として虐殺されました。

グノーシス派の福音書「信仰の知恵」には、「魂はこの世ひとつの身体から別の身体へとつぎつぎに注ぎいれられる」というイエスの言葉が引用されています。

ブライアン・L・ワイス『前世療法2』(PHP研究所)によると「旧約聖書にも新約聖書にも、輪廻転生のことが書かれていたようです。紀元三二五年、時のローマ皇帝、コンスタンチン大帝はその母ヘレナとともに、新約聖書の輪廻転生に関する記述を削除した。

紀元五五三年にコンスタンチノープルで開催された第二回宗教会議において、この削除が正式に認められ、輪廻転生の概念は異端であると宣言されました。

コンスタンチヌス帝と同様に、キリスト教会は輪廻転生の考え方は成長しつつある教会の力を弱め、土台を危くするのではないかと恐れました。前世があるという考えでは、救済される日まで時間がありすぎるからでした。信者に正しい行動をさせるためには、最後の審判という脅しが必要だと考えたのでした」

更に驚くことに、キリスト教の総本山であるバチカンは、地動説を唱えたガリレオを一六一六年第一回異端審問所審査で、ローマ教皇庁検邪聖省から「以後、地動説を唱えないよう」注意を受けました。一六三三年第二回異端審問所審査で、ローマ教皇庁検邪聖省から「有罪の判決」を受け、終身刑を言い渡される（直後にトスカーナ大公国ローマ大使館での軟禁に減刑）。その後ピッコロミーニ大司教宅に身柄を移され軟禁状態に置かれ、以後科学的に地動説が証明された後も、この判決を変えることはなかった。しかし二〇〇八年バチカンは、この裁判の誤りを認め正式に謝罪し名誉を回復しました。三七七年後のことであります。

キリストは「もし、誰かがあなたの右のほおを打ったなら、他のほおをも向けてやりなさい。あなたを訴えて下着を取ろうとする物には、上着をも与えなさい」と、怒りをなくし物質への執着を捨てた愛の実践を説きました。さらに「もしも人を許さないならば、あなた方の天の父も、あなた方を許してくださらない」「人を裁くな、自分が裁かれない為である」等と寛容な心を奨励しています。このような素晴らしいキリストの教えを述べ伝える総本山、バチカンのありようは地に落ちています。

このようにカトリック教会に於いても、信仰や運営に不都合があると認定した場合、偽書や外典とし排除されました。輪廻転生論も史実において例外では有りません。聖書の文章を曲解するのは良しとしませんが、一言一句忠実に読み取るとした宗派もあるようですが、律儀すぎるのも全体が見えないことになるかもしれません。

釈尊も輪廻転生との言葉を使っていませんが『仏の慈悲をただこの世一生だけのことと思ってはならない。それは久しい間のことである。人々が生まれ変わり、死に変わりして、迷いを重ねてきた、その初めから今日まで続いている』と輪廻転生を表現しています。

キリストは愛を、釈尊は慈悲と悟りえの道を説くのが使命であったとも言われていますので、輪廻転生についてはあからさまに述べなかったのではないかと思っています。前記のように聖書、仏典いずれも、教団や教会にとって不利となることは除外し、仏陀やキリストを神聖化しようと改ざんされた個所もあるに違いありません。

『輪廻転生が真実であるとすれば、有名な聖人の生まれ変わりと自称する教祖たちがいますが、事実であると言うことでしょうか』

ある日突然、神や仏の名前を名乗り「そなたは今生に於いて重大な使命を帯びている」などの声が聞こえた。または「仏陀やキリスト、七大天使としての過去を思い出した」などと称する人が居るようであります。

私もある日突然声が聞こえ始めました。見えない相手の言うことをそのまま信用することはとても危険です。私はこの現象に疑問を持ち、各種書籍等や体験を通して回答を探り続け三十数年が経過し、やっと私なりの結論を得ました。偉大な聖者が個人名を名乗る、又は姿を見せることはまずは有り得ないでしょう。

我々が有名な知人や親戚の名前を持ち出す時は、えてして自慢の気持ちであり、信用して欲しい時にも持ち出すものです。このような浅知恵に類するような言動をする聖人君子はおりません。それは、人間が自分は特別な人間であると錯覚することを恐れるからであります。もしもその人物が重大なる使命を選んで出生したならば、おのずから体験し探求する環境に追い込まれるでしょう。一歩一歩人生を検証する中で、自分自身のこの世での使命が示されて来るでしょう。賢い親は子供の宿題の回答を安易に教えないものです。自分で調べ解答することが身につく秘訣であると認識しているからです。

「能ある鷹は爪を隠す」「実るほど頭をたれる稲穂かな」との格言の通り、聖人を名乗り、威厳を示す必要性は全くありません。疑って怒るような神仏は信じるに値しません。経典像法決疑経《ほうけつぎきょう》では『自分こそ法師だ、あるいは律師だ、あるいは禅師だと自称する者こそ、私の教えを真っ先に破壊する物だと知りなさい』と記述され、中陰経では『欲にまみれた人によって建てられた御殿が仏の住所ではない。月の光が漏れ込むような粗末な小屋も、素直な心の人を主とすれば、仏の宿る場所と成る』と見かけに注意を喚起しています。

一方マタイによる福音書七章一五節では、

『偽預言者を警戒せよ。彼らは羊の衣を着てあなた方のところに来るが、その内側は強欲な狼である』、さらに第二四章五節『人に惑わされないように気をつけなさい。多くの物が私の名を名乗って現われ、自分がキリストだといって多くの人を惑わすであろう』いずれも偽者の出現に注意を喚起しています。とっくにお見通しのようです。霊のささやき、夢枕に立つ、それらしき現象を起こす変事は、悪霊による「冷やかし」あるいは本気で心を乗っ取って自由に操ろうとする企みに他ならず、霊的要素のある人々は十二分に注意が必要です。冷静に判断し、まず疑問を持って検証してみましょう。

『今日の仏教、キリスト教のいずれも他力本願的に「南無阿弥陀仏」「神様にお祈りしましょう」等と唱えるだけで救われる。神社でも同様に「ご利益がある」等と云われています。どうも納得できません』

聖書や仏典も時代の経過と共に変化したであろうことを記しました。現代では宗教が商売、いや生活の糧となっているところが多く見られます。常々宗教で食べてはいけないと思っています。大げさに宇宙の法則から考えれば、原因に対して結果が生じるだけの世界ですから、仏像、教団、神社仏閣に供物をささげれば救われるとか、願いが成就するとは思えません。キリストや神仏にお願いすれば救われることもないと考えます。

お願いする人を救い幸福にするなどと、なんと人間くさい神仏でしょうか。神仏が人間的次元に居ることは有り得ない訳ですから、結果も有り得ない事になります。

神仏とは、宇宙に普遍的に存在する「精妙な意識エネルギー体及び宇宙に存在するあらゆる法則そのものを神仏と表現していますから、私の認識では因果律そのもの以外は有り得ないと考えています。全宇宙に存在する根本的事象に反しない行い、つまり善を行えばそれに相等しい善、悪には悪の結果が起こるであろう、とのみ言えます。甘事に惑わされず本質を見ることが大切であると思います。

著者　稲森重雄（いなもり・しげお）

宮崎市で楽器店経営。

複音ハーモニカ練習曲集等関係著書多数。

不思議体験を機に生命の謎の解明を志し、すぐれた霊能力者の協力もあって、数十年特異な研究を重ねる。

主な著書に『亡き父との交信』（叢文社）

生まれ変わりの秘密

発行　二〇一二年九月一日　初版第1刷

著　者　稲森重雄
発行人　伊藤太文
発行元　株式会社　叢文社
〒112―0014
東京都文京区関口一―四七―一二江戸川橋ビル
電　話　〇三（三五一三）五二八五
FAX　〇三（三五一三）五二八六

印刷・製本　モリモト印刷

定価はカバーに表示してあります。
乱丁・落丁についてはお取り替えいたします。

ISBN978-4-7947-0693-5